유튜브 콘텐츠 지도사 자격 가이드

일러두기

1. 영어 및 역주, 기타 병기는 본문 안에 작은 글씨로 처리했습니다.
2. 외래어 표기는 국립국어원의 규정을 따랐습니다. 단 일부 굳어진 단어는 일반적으로 사용하는 발음으로 표기했습니다.
3. 숫자의 표기는 가독성을 위해 아라비아 숫자와 한글을 혼용했습니다.

유튜브 콘텐츠 지도사 자격 가이드

한 권으로 끝내는 유튜브 마스터 심화 과정

조안쌤(김정미) 지음
교육 주최: 창의융합교육 콘텐츠협회 | 교육 주관: (주)조안아카데미

서문

급변하는 4차 산업혁명 시대에 미디어를 접하고 활용하는 것에 관한 중요도는 훨씬 증가했다. 세계적인 소셜 플랫폼으로 당당히 1위를 차지하고 있는 메타(페이스북)에 이어 유튜브가 2위를 기록하고 있다. 혹자는 유튜브가 레드오션이라며 '지금 진입하기엔 늦었다'라고 단정짓지만 이는 시대착오적인 발언이라 할 수 있다.

유튜브는 계속 성장 중이고, 새로운 트렌드에 발맞춰 끊임없는 진화를 거듭하고 있다. 유튜브가 이렇게 막강한 성장력을 거듭할 수 있었던 건, 유튜브 크리에이터들을 파트너로 생각하여 일정한 수익을 나누고, 각 채널의 방향성을 세분화시켜 무료로 분석해 줌으로써 마케팅에 유용한 가이드가 되어주고 있기 때문이다.

유튜브는 매달 20억 명 이상의 사용자가 매일 유튜브에서 10억 시간 이상의 비디오를 시청하고 있다. 이 사실은 우리가 더 이상 유튜브 영상만 찾아보는 시청자에 머물러서는 안 되는 이유다. 시대의 부름에 맞추어 미디어를 이해하고, 직접적으로 창작해 보면서 각자가 가진 장점을 마음껏 살려보기를 희망한다.

이 교재를 통해 유튜브 플랫폼의 활용도를 좀 더 심층적으로 확장하는 기회가 되기를 바란다.

《유튜브로 당신의 삶을 리디자인하라》 저자
조안쌤

차례

서문 · 5

1장
유튜브 마스터 편

01 유튜브 하는 데 있어서 알아야 할 이론 및 실제 · 14

01 유튜브(Youtube) 개념
02 유튜브 용어에 대한 이해
03 유튜브 노출 클릭률을 높이기 위한 구체적인 팁
04 계정에 대한 이해
05 사람들이 유튜브를 보는 결정적인 이유
06 유튜브 업로드할 때 필수 고려 사항
07 유튜버의 자세
08 유튜버가 되면 일어날 수 있는 일들
09 나노 사회(Transition into a Nano Society)란?
10 페르소나(Persona)의 개념

11 퍼스널 브랜딩의 3대 원칙
12 관종이란?
13 건강한 인플루언서가 되는 데 꼭 필요한 요소
14 유튜브를 성공시키기 위한 2가지 요건
15 유튜브에서 콘텐츠의 시작은?
16 반응도란?
17 대표적인 반응도 6가지
18 표본이론이란?
19 블로그 vs 유튜브 제목 짓는 법
20 유튜브의 경쟁력
21 구독자와 조회수를 늘리는 방법
22 MCN(Multi Channel Network)에 대한 이해
23 유튜브 수익 활동 유형
24 성공한 유튜버들의 6가지 공통점
25 성공자 마인드를 갖추는 법
26 성공적인 채널 관리를 위해 챙겨야 하는 것
27 유튜브 레드오션에서 살아남는 법
28 유튜브 운영 핵심 노하우 3가지

02 | 유튜브 쇼츠에 대한 이해 · 38

01 쇼츠 최적화를 위한 방법
02 쇼츠 키워드 찾는 법
03 쇼츠 전환율 vs 클릭률
04 시청자들에게 끌리는 쇼츠 콘텐츠 TOP 4
05 쇼츠 가장 HOT 한 길이
06 쇼츠 픽셀과 화면 비율
07 쇼츠 키워드 사용법
08 쇼츠 콘텐츠 소재 찾는 법
09 쇼츠 대본 작성법

03 | 유튜브 저작권에 대한 이해 · 44

- 01 저작권이란?
- 02 저작권에 대한 이해
- 03 저작권 대처방안
- 04 저작물이 갖추어야 하는 3가지 요건
- 05 저작권 분야
- 06 초상권
- 07 퍼블리시티권
- 08 유튜브의 저작권 반론 통지
- 09 업무상 저작물의 5가지 요건
- 10 유튜브 저작권 Q&A

04 | 유튜브 정책 · 69

- 01 유튜브 정책에 관한 Q&A

05 | 1인 미디어에 대한 이해 · 73

- 01 1인 미디어의 정의
- 02 국내 1인 창작자 현황
- 03 비즈니스 환경의 변화
- 04 비즈니스의 트렌드
- 05 1인 미디어 비즈니스 유형
- 06 1인 미디어 플랫폼의 특성

06 | 사진·영상 촬영 기술에 대한 이해 · 77

- 01 카메라 앵글
- 02 카메라 초점을 맞출 때 알아두면 좋은 점
- 03 동영상 촬영 팁 7가지
- 04 영상 콘티에 대한 이해
- 05 채널 이탈을 막는 영상 구성 기법

2장
유튜브 마케팅 편

01 | 마케팅에 대한 이해 · 88

01 니치마케팅이란?
02 왜 틈새시장이어야 하는가?
03 스텔스 마케팅
04 동영상 마케팅의 7가지 장점
05 '팬 만들기 동영상' 제작하는 7가지 요령
06 동영상 검색용 키워드 만드는 법
07 SEO에 대한 이해
08 유튜브 애널리틱스
09 '유튜브 채널 vs 페이스북' 마케팅의 특성
10 효과적인 유튜브 마케팅을 위한 방법

02 | 브랜드에 대한 이해 · 99

01 브랜드의 정의
02 퍼스널 브랜딩의 개념
03 퍼스널 브랜드를 하기 위한 기초 단계
04 퍼스널 브랜딩의 구축 단계
05 퍼스널 브랜딩을 하고자 하는 당신이 꼭 명심해야 하는 것
06 퍼스널 브랜딩은 왜 중요한가?
07 개인 브랜드 공식 3T
08 브랜드 본질
09 한 문장 마케팅 성공을 위한 전략
10 브랜드 포지셔닝
11 온라인에서 검색되는 나를 만드는 키워드 3종
12 고객이 알아서 찾아오게 하는 전략 키워드 찾는 법

13 SNS 전략 채널 선정 비법
14 브랜디드 콘텐츠의 개념
15 서브 콘텐츠의 퀄리티를 높이는 방법
16 채널 브랜딩을 위한 10가지 핵심 요소
17 기획 아이디어를 얻는 방법
18 마케팅 불변의 법칙

03 유튜브 광고에 대한 이해 · 117

01 애드뷰
02 오거닉뷰
03 유튜브 광고 상품 6가지
04 유튜브 광고의 타임라인
05 유튜브 타깃팅 6가지
06 유튜브 마케팅 인사이트
07 고객이 스스로 찾아오게 하는 홍보 글 쓰는 법
08 유튜브 클릭을 유도하는 제목/썸네일 문구 참고하기

04 콘텐츠 마케팅에 대한 이해 · 133

01 콘텐츠의 개념
02 콘텐츠의 핵심 원리 3가지
03 성장하는 콘텐츠가 되기 위한 조건
04 저장이 많아질 수밖에 없는 콘텐츠들의 특징
05 유튜브 콘텐츠의 3요소
06 인기 있는 유튜브 콘텐츠
07 콘텐츠 선정 시 주의 사항
08 네이버에 나의 콘텐츠를 상위 노출하는 법
09 콘텐츠 빅 5 키워드
10 콘텐츠 마케팅의 개념
11 콘텐츠 마케팅의 이점

3장
유튜브 스피치 편

01 **스피치 기법** · 142
　　01 자신만의 언어로 말하라
　　02 언어의 전달력을 높여라
　　03 시청자를 제압할 수 있는 논리적인 스피치를 구성하라

02 **활용하기 좋은 주제별 명언** · 144
　　01 인생
　　02 성공
　　03 노력
　　04 도전
　　05 꿈과 희망
　　06 리더십
　　07 관계
　　08 시간
　　09 지혜
　　10 공부

부록

기출 문제 · 150
기출 문제 정답과 해설 · 197

참고 문헌 · 211

"나는 세상에서 단 하나밖에 없는 유일무이한 귀한 존재이다."

— 조안쌤 책《괜찮아, 충분히 잘하고 있어》중에서

1장
유튜브 마스터 편

01 유튜브 하는 데 있어서 알아야 할 이론 및 실제

01 유튜브(YouTube) 개념

- 구글이 운영하는 동영상 공유 서비스로 사용자가 동영상을 업로드하고 시청하며 공유한다.
- 당신(You)과 브라운관(Tube)이라는 단어의 합성어다.

02 유튜브 용어에 대한 이해

1) **노출 수**: 썸네일 이미지가 등록된 노출을 통해 유튜브에서 시청자에게 '표시'된 횟수(시청과는 다르다)
2) **노출 클릭률(Click Through Rate)**: 썸네일이 표시된 후 시청자가 동영상을 시청한 빈도, 즉 노출된 상태에서 사람들이 클릭한 비율이 어떻게 되는지 확인할 수 있다.

예) 썸네일이 100번 노출되었을 때 클릭이 10번 발생하면 조회수 10을 달성한다는 것을 말한다. 유튜브 분석(Youtube Analytics)에 기록된 노출 수는 유튜브 검색, 홈페이지, 유튜브 피드(구독, 탐색, 기록 및 나중에 보기 포함), 추천 결과(옆이나 하단에 추천 영상), 동영상 및 재생목록에서 나온다.

3) **순 시청자 수**: 콘텐츠를 시청한 추정 시청자 수

4) **조회수**: 채널 또는 동영상을 정상적으로 조회한 횟수

5) **시청 시간**: 시청자가 내 콘텐츠를 시청한 시간

6) **RPM(Revenue Per Millenium)**: 동영상 조회수 1,000회당 발생한 수익을 나타내는 측정 항목

예) 100페이지뷰가 발생했는데 예상 수익이 50원이라면?

RPM=(50/100)×1000으로 계산해서 RPM은 500원이 된다.

- 광고, 채널 멤버십, Youtube Premium 수익, Super Chat, Super Sticker 등 여러 수익원을 기준으로 한다.

7) **CPM(Cost Per Millenium)**: 1,000회 노출당 광고주가 지급해야 할 비용이다. 광고주는 광고가 1,000회 게재될 때 지급하려는 금액을 설정하고 광고를 게재할 특정 광고 게재 위치를 선택하여 광고가 게재될 때마다 비용을 지급한다.

예) CPM이 500원이라면 내 광고가 1,000회 노출될 때마다 500원을 지불하겠다는 의미다.

> ☑ **RPM과 CPM의 차이 요약**
>
> RPM은 웹사이트 주인이 가져가는 수익이고, 광고 인벤토리가 여러 개면 이를 합산해서 계산하면 된다. 광고 인벤토리가 2개인데 1개는 RPM 500원, 다른 1개는 RPM 100원이면 이 웹사이트의 RPM은 600원이 된다. 다시 말해 RPM은 사이트 운영자가 얻는 수익의 관점이다. CPM은 광고 인벤토리 1개에 광고주가 지불하는 비용으로, 광고주의 관점이다.

8) **유튜브 알고리즘(Youtube Algorithm)**: 유튜브 AI가 사용자가 보길 원하는 혹은 관심 있어 보이는 분야의 영상을 자동으로 추천해 주는 것을 말한다. 유튜브 AI는 여러 가지 변수를 계산해서 사용자에게 영상을 추천한다. 어떤 주제의 영상을 자주, 오래 보는지 AI가 계산하여 알고리즘을 통해서 사용자가 클릭할 만한 영상을 보여주는 것이다. 100% 정확하지 않아서 가끔 전혀 관심 없는 영상도 추천하지만, 알고리즘 추천 영상의 클릭률을 생각한다면 유튜브 알고리즘의 정확도는 꽤 높은 것으로 평가된다.

cf) 인터넷 쇼핑몰 알고리즘의 상품 추천

알고리즘을 적용하여 나에게 가장 적합한 상품을 추천해 주는 곳이 대부분이다. 우리가 쇼핑몰에서 흔히 보는 '상품 추천' 영역이 바로 알고리즘을 통해 사용자에게 적합한 상품을 추천하는 것이다. 앞으로 이런 알고리즘이 더욱 정교해질 것이다. 예전의 알고리즘은 사람이 설정해 놓은 변수와 선택지 안에서만 결정되었다. 지금은 알고리즘 AI가 스스로 변수와 선택지를 설정, 변경, 확장하고 있다. 즉 의사결정 절차 자체가 스스로 진화하고 있으며, 이는 앞으로 더 많은 알고리즘 속에서 살게 된다는 것을 의미한다(참고: montee.tistory.com '알고리즘이란 무슨 뜻일까?').

☑ **인플루언서 Influencer 란?**
인터넷과 소셜 미디어 등 온라인상에서 사람들에게 일정 분야에 있어서 영향력을 발휘하는 사람들

☑ **인플루언서가 되기 위한 준비물**
- 긍정적인 마음가짐
- 목표 설정
- 실행 각오

9) **SEO(Search Engine Optimization): 검색 엔진 최적화**

웹사이트가 유기적인(무료) 검색 방식을 통해 검색 엔진에서 상위에 노출될 수 있도록 최적화하는 과정을 말한다. 비즈니스 유형이 어떤 것이든 SEO는 가장 중요한 마케팅 유형 중 하나다.

10) **검색 엔진을 최적화시키는 데 있어서 핵심 요소**

- 키워드(영상에 적절한 키워드, 트렌드 키워드)를 잘 잡아야 한다.
- 양질의 콘텐츠(영상의 내용/진정성)여야 한다.
- 링크 연동이 되도록 해야 한다.

03 유튜브 노출 클릭률을 높이기 위한 구체적인 팁

1) 특정 틈새시장에 집중한다.
시청자는 유튜버의 표현 방식 또는 재미있는 영상 주제와 같은 몇 가지 이유로 팬이 되었다. 따라서 가장 높은 조회수를 유도하는 것에 집중하는 것이 좋다. 특정 콘텐츠에 대해 더 많은 영상을 만들수록 핵심 청중 중 더 많은 사람에게 다가갈 수 있기 때문에 유튜브 노출 클릭률이 높아진다.

2) 매력적인 썸네일을 만든다.
불특정 다수의 시청자가 영상을 클릭하게 하기 위해서는 매력적인 썸네일을 만들어야 한다.

① 호기심을 자극할 만한 썸네일 사진→유튜버의 얼굴이 나오게 하되 얼굴 표현으로 이야기를 전달할 수 있으면 좋다.
② 제목은 굵고 진한 폰트→최소한의 텍스트를 사용한다.
③ 보색→노랑, 빨강, 초록은 시각적인 효과가 있어 권장된다.
④ 1080픽셀의 고해상도를 사용하면 썸네일이 매우 선명하게 노출된다. 선명한 썸네일을 사용하여 더 많은 시청자의 관심을 끌고 유튜브 노출 클릭률을 늘린다.
⑤ 썸네일 제목 만들 때 직관적인 언어를 사용한다.
- '직관 언어(Intuition phrase)'란 체계적인 사유나 단계적인 추리를 거치지 않고 말하는 대로 들리고 보는대로 받아들여지는 광고, 홍보를 비롯한 세일

즈 지향 문구를 말한다.
▶ 직관 언어 만드는 첫 번째 원칙: 1차원적으로 만들어라.
예문) 비무장지대와 민간인 통제구역 이북에는 77만 발의 지뢰가 매설되어 있습니다. 요즘은 약초 동호회가 많아져 들어가면 안 되는 곳으로 들어가다 참변을 당하는 민간인들이 종종 있습니다. 그 때문에 위험지역에는 '지뢰 매설 지역' '지뢰 조심'이라는 경고 문구를 붙여 놓습니다. 그런데 요즘 문구는 다음과 같이 1차원적입니다. "들어가면 죽는다"

▶ 직관 언어 만드는 두 번째 원칙: 2어절을 잡아라.
최상의 문구는 2어절이다. 음소가 모여 음절이 되고, 음절이 모여 어절이 되며, 어절이 모여 문장이 된다.
예) 아버지 ∨ 가 ∨ 방 ∨ 에 ∨ 계십니다 (×)
　　 아버지가 ∨ 방에 ∨ 계십니다 (○)
　　　(어절)　　(어절)　　(어절)
　--> 짧아야 들린다. 짧아야 본다. 길어지면 외면한다.
　　　준비 시간 Short, 즐기는 시간 long / 영업 종료 No / 마음은 가볍게, 두 손은 무겁게

3) 일관된 콘셉트를 사용한다.
브랜드 구축 배너 및 미리보기 이미지와 같은 모든 채널 아트에서 일관된 색상을 사용하면 시청자가 검색 엔진에서 나를 찾을 때 채널을 쉽게 알아볼 수 있다.

04 계정에 대한 이해

1) 유튜브 채널을 만들기 위해서는 구글 계정이 필요하다.
2) 구글 계정은 무한정 만들 수 있다.

TEST

1. 당신(You)과 브라운관(Tube)이라는 단어의 합성어로 구글이 운영하는 동영상 공유 서비스로 사용자가 동영상을 업로드하고 시청하며 공유하는 플랫폼은?
 (   )

2. 다음 중 유튜브 용어에 대한 설명이 잘못된 것은?
 ① 순 시청자 수는 콘텐츠를 시청한 실제 시청자 수를 말한다.
 ② 유튜브 알고리즘은 사용자가 관심 있어 보이는 분야의 영상을 자동으로 추천해 주는 것을 말한다.
 ③ CPM은 광고주가 지불하는 비용이다.
 ④ 노출 클릭률은 썸네일이 표시된 후 시청자가 동영상을 시청한 빈도를 말한다.

3. 유튜브 노출 클릭률을 높이기 위한 방법으로 알맞은 것은?
 ① 다양한 타깃이 유입될 수 있도록 콘텐츠의 방향을 폭넓게 한다.
 ② 시청자들의 이해를 돕기 위해서 텍스트는 길게 사용한다.
 ③ 노랑, 빨강, 초록은 시각적 효과가 있어서 적절히 활용한다.
 ④ 720픽셀의 낮은 해상도를 사용해야만 썸네일이 선명하게 노출된다.

4. 다음 설명에 알맞은 말은? (   )

> 웹사이트가 유기적인 검색 방식을 통해 검색 엔진에서 상위에 노출될 수 있도록 최적화하는 과정을 말한다.

5. 100페이지뷰가 발생했는데 예상 수익이 80원이라면 RPM은 얼마인가?
 ① 600 ② 700
 ③ 800 ④ 900

6. 유튜브 알고리즘(Youtube Algorithm)에 관한 설명으로 잘못된 것은?

① 유튜브 AI는 여러 가지 변수를 계산해서 사용자에게 영상을 추천하게 된다.

② 유튜브 AI는 사용자가 보길 원하는 혹은 관심 있어 보이는 분야의 영상을 자동으로 추천해 주는 것을 말한다.

③ 100% 정확해서 관심 없는 영상은 추천하지 않는다.

④ 알고리즘 추천 영상의 클릭률을 생각한다면 유튜브 알고리즘의 정확도는 꽤 높은 것으로 평가된다.

7. 검색 엔진을 최적화시키는 데 있어서의 핵심 요소 3가지를 골라라.

| 가. 키워드 | 나. 링크 | 다. 양질의 콘텐츠 | 라. 썸네일과 제목 |

① 가, 나, 다 ② 나, 다, 라
③ 가, 나, 라 ④ 가, 다, 라

정답 1. 유튜브 2. ① 3. ③ 4. SEO 5. ③ 6. ③ 7. ①

3) 구글 계정의 유형은 본인 계정, 비즈니스 관리 계정 두 가지가 있다.
4) 계정 인증의 중요성
   - 구독자 1,000명이 되지 않아도 실시간 스트리밍이 가능하다.
   - 맞춤 미리보기 이미지를 넣을 수 있다(대표 이미지=썸네일).
   - 15분 이상의 장편 영상을 업로드할 수 있다.

☑ 기본채널(=일반 채널)의 하위 그룹으로 브랜드 채널을 1개의 기본채널당 200개까지 만들 수 있다.

☑ 채널의 정체성을 알려주는 채널 아트를 만드는 Tool은 '미리 캔버스', '캔바' 등이 있다.

05 사람들이 유튜브를 보는 결정적인 이유

1) 진정성: 솔직한 자기감정의 표현
2) 대리 만족: 대리 버킷리스트 실천
3) 유용성: 무엇이든 물어보세요
4) 함께 보기: 모두가 함께 본방 사수
5) 일탈: 선 넘기의 짜릿함
6) 휴식: 콘텐츠 소음에서 벗어나기

06 유튜브 업로드할 때 필수 고려 사항

1) 유튜브를 통해 자사 홈페이지, 눈, 블로그로 방문을 유도한다.
   a. 동영상의 최종목표: 우리가 원하는 행동을 하도록 호소하는 것(call to action)
   b. 유튜브는 동영상을 공유하는 곳, 상품이나 서비스를 판매하는 쇼핑몰이 아님
   c. 웹사이트 링크를 노출하는 법: 설명 영역에 링크 URL 주소, 링크 카드(유튜브 파트너 프로그램 신청자에 한함) 추가

2) 타인의 저작권, 초상권을 침해하지 않는다.

07 유튜버의 자세

1) **진실성**: 정확한 정보가 아닐 때는 콘텐츠 제작에 고민해 보아야 하며 책임질 수 있는 정보만을 만들 수 있도록 한다. 조회수를 위해 가짜 정보를 진짜처럼 만드는 행위는 위험하다.
2) **도전성**: 가보지 않았던 길도 가보려는 도전 의식을 가지는 게 좋다. 그래야만 콘텐츠 고갈을 방지할 수 있다.
3) **사명감**: 유튜브는 공인이므로 전달하는 정보에 대해 책임 의식을 갖는 게 필요하다.
4) **꾸준함(성실성)**: 주기적으로 콘텐츠를 업로드해야만 꾸준한 성장을 이뤄낼 수 있다.
5) **준법성**: 인플루언서는 많은 이들의 롤모델이 되므로 비윤리적인 행동은 지양해야 한다.

08 유튜버가 되면 일어날 수 있는 일들

- 애드센스 수익 활동(구독자 1,000명+4,000시간 뷰/구독자 1,000명+쇼츠뷰 1,000만 시간, 구독자 500명+시청 시간 3,000시간/90일 이내)이 가능하다.
- 브랜드 광고, PPL 광고 수익 활동을 할 수 있다.
- 강연, 책 출간이나 악보집 출간, TV 출연 등의 제안이 있을 수 있다.
- 비즈니스 콜라보 등 콘텐츠 색깔에 따라 다양한 기회가 올 수 있다.
- 콘텐츠와 크리에이터의 역량에 따라 고수익 활동이 가능하다.

TEST

※ 다음 지문을 읽고 (O, ✗) 로 답하여라. (1~4)

1. 구글 계정을 만들 수 있는 개수는 정해져 있지 않다. (O, ✗)
2. 구글 계정의 유형은 본인 계정, 일반 계정, 비즈니스 관리 세 가지가 있다. (O, ✗)
3. 브랜드 채널은 무한정 만들 수 있다. (O, ✗)
4. 유튜버가 갖추어야 할 자세로 진실성, 이중성, 도전성, 사명감, 성실성, 준법성을 들 수가 있다. (O, ✗)

5. 유튜버가 되면 일어날 수 있는 일들에 대해 잘못 말한 것은?
   ① 콘텐츠와 크리에이터의 역량에 따라 고수익 활동이 가능하다.
   ② 비즈니스 콜라보 등 콘텐츠 색깔에 따라 다양한 기회가 올 수 있다.
   ③ 강연, 책이나 악보집 출간, TV 출연 등의 제안이 올 수 있다.
   ④ 구독자 1,000명 + 4,000시간의 뷰 또는 구독자 1,000명 + 쇼츠 4,000만 시간 뷰를 채우면 애드센스 수익 활동이 가능하다.

6. 다음을 일컫는 말은 무엇인가? (   )
   - 자신을 브랜드화하여 특정분야에 대해서 먼저 자신을 떠올릴 수 있도록 만드는 과정
   - 특정 분야에서 차별화되는 나만의 가치를 높여서 인정받게끔 하는 과정

7. 다음에 오는 설명으로 잘못된 것은?
   ① 계정 인증을 받으면 맞춤 미리보기 이미지, 실시간 스트리밍(구독자 1,000명이 되지 않을 경우), 15분 이상의 장편 영상을 업로드할 수 있다.
   ② 유튜브를 통해 자사 홈페이지, SNS, 블로그로 방문을 유도하는 행위는 금지되어 있다.

③ 유튜브는 동영상을 공유하는 곳이지 상품이나 서비스를 직접적으로 판매하는 쇼핑몰이 아니다.

④ 웹사이트 링크를 노출하는 법은 설명 영역에 링크 URL 주소나 링크 카드를 추가하면 된다.

TEST Tip

▶ 유튜버들이 생각하는 '매력'이란? 한 번만 봐도 '구독'과 '좋아요'를 누르게 하는 힘

▶ 유튜버의 매력이 돈이 되는 가장 큰 이유는? 경제 패러다임의 변화

▶ 경제 패러다임이 바뀌면서 시대에 따라 경제 체제의 유능한 인재상도 변화했다.

    가. 2차 산업 시대 → 공장 노동자

    나. 3차 산업 시대 → 지식 노동자

    다. 4차 산업혁명 시대 → 관종

▶ 코로나19로 달라진 사회적 변화(출처:《코로나 사피엔스》, 인플루엔셜)

    - 코로나 사피엔스의 시대(문명의 전환 / 받아들이지 않으면 죽는다)

    - 4차 산업혁명은 코로나19 사태 이후 더욱 가속화된다.

    - 인류의 생활 공간이 온라인, 디지털 플랫폼으로 옮겨간다.

    - 디지털 문명은 정해진 미래다.

    - 페이스북, 아마존, 넷플릭스, 구글의 지배력이 강화된다.

▶ 2020 故 이어령의 마지막 인터뷰

"우리는 마르크스의 상품 경제 시대에서 멀리 왔어요. 물질이 자본이던 시대는 물 건너갔어요. 공감이 가장 큰 자본이지요. BTS를 보러 왜 서양인들이 텐트치고 노숙을 하겠어요? 공감이 사람을 불러 모은 거지요."

정답 1. O 2. X 3. X 4. X 5. ④ 6. 퍼스널 브랜딩 7. ②

09 나노 사회(Transition into a Nano Society)란?

극소단위로 파편화된 사회, 공동체가 개인으로 모래알처럼 흩어지고, 개인은 더 미세한 존재로 분해되며 고립되어 간다.

10 페르소나(Persona)의 개념

가면, 인격, 타인에게 파악되는 자아

> ☑ 태그라인
> 자신의 이름 앞에 자신을 한 마디로 정의할 수 있는 문구를 만든다.
>
> ☑ PDR(Price to Dream Ratio) 꿈의 비율, 사람들은 꿈에 투자한다.

11 퍼스널 브랜딩의 3대 원칙

1) 페르소나를 만들어라.
2) 목적을 정하라.
3) '어떤 콘텐츠를 어떻게 보여줄 것인가'를 정하라.

12 관종이란?

끊임없이 자신만의 매력을 탐구하고 이를 발산시키려고 노력하는 것
→ 관종들의 매력이 자본주의 시장의 핵심 자산으로 급부상

TEST

1. 다음에 오는 설명은 무엇에 대한 설명인가?

> '가면, 인격, 타인에게 파악되는 자아'

① 에고(Ego) ② 수퍼에고(Super ego) ③ 페르소나(Persona) ④ 파고(Fargo)

2. 퍼스널 브랜딩의 3대 원칙이 아닌 것은?

① 페르소나를 만들어라.
② 어떤 콘텐츠를 어떻게 보여줄 것인가를 정하라.
③ 퍼스널 브랜딩을 하고자 하는 목적을 정하라.
④ 전달하고자 하는 타깃을 설정하라.

3. 자신의 이름 앞에 한마디로 정의할 수 있는 '태그라인'을 만들어 보라.

(   )

4. ( )안에 알맞은 단어를 넣어라.

> 끊임없이 자신만의 매력을 탐구하고 이를 발산시키려고 노력하는 것을
> (   )이라 한다.

5. 다음 중 알맞은 것은?

① 유튜버들이 생각하는 매력은 광고 수익이 많은 유튜버를 말한다.
② 코로나19 이후 예전의 상태로 돌아갔다.
③ 페이스북, 아마존, 넷플릭스, 구글의 지배력이 약화될 것이다.
④ 디지털 문명은 정해진 미래였다.

정답 1. ③ 2. ④ 3. (예: 당신의 브랜드를 발굴하고 계발해 드리는 브랜드 메이커 조안쌤입니다) 4. 관종 5. ④

13 건강한 인플루언서가 되는 데 꼭 필요한 요소

- 불가능을 가능케 하는 힘이다.
- 젖 먹던 힘까지 내게 하는 힘이다.
- 꺼내면 꺼낼수록 더 커지는 힘이다.
- 나뿐만 아니라 주변까지 이익되게 하는 힘이다.
- 내가 나를 알아야만 키울 수 있는 힘이다. = 자존감

> **TEST Tip**
> ▶ 인류의 표준이 '디지털 문명'으로 바뀌었다.
> ▶ 팬덤의 출발점은 '공감(휴머니티)'이다.
> ▶ 유튜브는 매달 20억 명 이상의 사용자가 사용하며, 매일 유튜브에서 10억 시간 이상의 비디오를 시청한다.
> ▶ 유튜브는 세계에서 두 번째로 많이 사용되는 소셜 플랫폼이다.
>   cf) 가장 많이 사용되는 소셜 플랫폼은 '페이스북'

14 유튜브를 성공시키기 위한 2가지 요건

1) 차별화된 콘텐츠: 유일무이한 콘텐츠였을 때 지속 성장해갈 수 있다.
2) 꾸준함: 규칙적인 주기를 두고 업로드하는 것이 중요하다.

15 유튜브에서 콘텐츠의 시작은?

1) 썸네일: 불특정 다수의 사람을 후킹할 수 있다.
2) 제목: 제목에 들어간 영상 키워드는 유튜브 검색창에서 검색될 수 있다.

16 반응도란?

- 영상 콘텐츠를 접한 다양한 사람의 여러 가지 반응을 말한다.
- 유튜브 알고리즘이 콘텐츠의 질을 판정하는 데 기준이 된다.

17 대표적인 반응도 6가지

1) 노출 클릭률(CTR)
2) 시청 지속 시간
3) 구독
4) 영상 추가 시청
5) 댓글
6) 좋아요

18 표본이론이란?

- 여러 가지 반응도 중 가장 중요한 요소인 '클릭률'을 극대화하기 위한 유튜브 핵심 전략 이론이다.
- 타깃팅할 시청자의 표본을 최대한 광범위하게 잡아야 한다.
  예) '아마존 구매 대행'으로 매달 1,000만 원의 순수익을 내는 방법을 아주 자세히 설명해 주는 영상이 있다. 이 영상의 썸네일 제목으로 적절한 것은? 정답 ①
  ① 월 1,000만 원 버는 법
  ② 온라인으로 1,000만 원 버는 법
  ③ 온라인 구매 대행으로 1,000만 원 버는 법
  ④ 아마존 구매 대행 안에서 물류로 1,000만 원 버는 법

TEST

1. 유튜버들의 매력이 돈이 되는 가장 큰 이유는 무엇인가?

    ① 팬덤(공감 커뮤니티)이 많아지기 때문이다.

    ② 해외 달러를 벌어들이기 때문이다.

    ③ 경제 패러다임이 바뀌어서다.

    ④ 기업 마케팅에 도움이 되기 때문이다.

2. 시대의 경제 체제 변화에 따라 유능한 인재상도 변해왔다. (   )안에 들어갈 말은?

    > 2차 산업시대 → 공장 노동자 | 3차 산업시대 → 지식 노동자 |
    > 4차 산업혁명 시대 → (   )

3. 나뿐만 아니라 주변까지 이익되게 해 주는 힘으로 건강한 인플루언서가 되는 데 꼭 필요한 요소는 무엇인가?

    (   )

※ 다음에 오는 문장을 읽고 (예, 아니오)로 답하여라. (4~8)

4. 인류의 표준이 디지털 문명에서 아날로그 문명으로 바뀌었다.　(예, 아니오)

5. 팬덤의 출발점은 '변혁'이다.　(예, 아니오)

6. 유튜브는 세계에서 두 번째로 많이 사용되는 플랫폼이다.　(예, 아니오)

7. 유튜브를 성공시킬 수 있는 두 가지 요소는 차별화된 콘텐츠와 꾸준함이다.

    (예, 아니오)

8. 새로운 틈새시장을 공략하는 마케팅을 '뉴멀 마케팅'이라 한다.　(예, 아니오)

9. 틈새시장을 공략해야 하는 이유는 무엇인가? (   )

10. 다음에 오는 설명으로 잘못된 것은?

① 유튜브 반응도는 알고리즘이 콘텐츠의 질을 판정하는데 기준이 된다.

② 대표적인 반응도는 노출 클릭률(CTR), 시청 지속 시간, 구독, 영상 추가 시청, 댓글, 싫어요가 있다.

③ 여러 가지 반응도 중 가장 중요한 요소는 '클릭률'이다.

④ 타깃팅할 시청자의 표본을 최대한 광범위하게 잡는 이론을 '표본이론'이라 한다.

정답 1. ③ 2. 관종 3. 자존감 4. 아니오 5. 아니오 6. 예 7. 예 8. 아니오 9. 독점할 수 있어서 10. ②

19 블로그 vs 유튜브 제목 짓는 법

블로그	유튜브
영업사원이 명심해야 하는 멘트 한 가지	멘트 하나만 바꿔도 월1,000만 원 번다
수면 부족, 비타민D가 부족할 때 나타나는 증상과 섭취 방법	당신이 아무리 잠을 자도 피곤한 진짜 이유
주식을 잘하는 5가지 방법	주식으로 돈 벌었다는 사람들이 전부 사기꾼인 5가지 이유
부동산 경매, 나도 할 수 있을까?	현대인들은 앞으로 이것을 할 줄 모르면 인생 망합니다
세부 키워드를 잡아서 표본을 좁혀야 함	대중적인 키워드를 잡아서 표본을 넓혀야 함

20 유튜브의 경쟁력

- 크리에이터들을 파트너로 생각하였다(기본 조건 달성 시 애드센스 수익 활동).
  * 기본 조건: 구독자 1,000명/4,000뷰 또는 구독자 1,000명/쇼츠뷰 1,000만
- 광고비 수익을 나눠주는 구조(크리에이터 58%, 유튜브 42%)를 가지고 있다.
- 데이터 공유 및 분석(유튜브 스튜디오)을 해 준다.

21 구독자와 조회수를 늘리는 방법

- SNS(블로그, 인스타그램, 페이스북)와 온라인 커뮤니티에 적극 홍보하기
- 매력적인 썸네일 만들기(호기심을 자극할 만한 문구 필요)
- 관련 동영상에 추천될 수 있도록 연구/유사 태그 사용하기
- 키워드 검색 도구를 활용한 키워드 잡기(키워드 매니저, 키워드 툴, 네이버 광고)
- 계절, 특정 테마 키워드 활용하기
- 질 좋은 콘텐츠/일관성 있는 콘텐츠/꾸준한 영상 업로드하기

- 오프라인 사업체 활용하기
- 이벤트 활용하기
- 구독 링크 만들기(?sub_confirmation=1)
- 1~3분 안에 핵심 드러내기
- 반드시 자신만의 상징symbol콘텐츠가 있어야 한다.

22 MCN(Multi Channel Network)에 대한 이해

- 개념: 다중채널 네트워크의 약자로 페이스북, 유튜브 스타들의 기획사
- 인터넷 콘텐츠 창작자들의 매니저 역할
- 수익 활동 분배, 법적 소송관리, 타 유튜버들과 소통의 기회 제공

23 유튜브 수익 활동 유형

- 애드센스 수익
- 광고 수익(브랜디드 콘텐츠, PPL)
- 슈퍼챗
- 멤버십
- 유튜브 쇼핑몰
- 채널 콘텐츠에 따른 다양한 비즈니스 연결

24 성공한 유튜버들의 6가지 공통점

1) 하루라도 먼저 시작한다.

2) 본인의 관심사와 장점을 살렸다.
3) 캐릭터가 분명하다.
4) 끊임없는 노력으로 퀄리티를 높였다.
5) 콘텐츠를 사업으로 잘 연결했다.

사례

유튜버	콘텐츠	사업
로즈하	뷰티, 패션 유튜버	온라인 쇼핑몰 운영
포니	뷰티 유튜버	화장품 브랜드 론칭
벤쯔, 엠브로	먹방 유튜버	오프라인 음식점 오픈
김새해	북튜버	출판사와 협업

6) 채널 운영 전략이 뚜렷하다.
   시즌별, 세부 카테고리별로 시리즈 구성을 달리해 동영상을 올리고, 기획과 촬영, 편집 등 모든 과정을 철저하게 관리한다. 치밀한 연출과 계획 속에서 콘텐츠가 만들어진다.

25 성공자 마인드를 갖추는 법

1) 자신의 채널, 동영상, 구독자, 비즈니스를 진심으로 사랑해야 한다.
2) 수시로 긍정적인 생각과 이미지를 머릿속에 그려 내는 이미지 트레이닝을 한다.
3) 무엇이든 일단 머릿속에 있는 것은 실천한다.
4) 사명문을 적고 그것을 매일 읽는다.
5) 메모하는 습관을 기른다.

☑ **사명문이란?**
한 개인이나 단체가 이루고자 하는 핵심 가치를 적고 어떻게 이뤄나갈지를 명료하게 기록한 글

TEST

1. 유튜브가 최고의 동영상 플랫폼으로 성장할 수 있었던 경쟁력이라고 보기 어려운 것은?

    ① 데이터를 공유해 주고 분석해 준다.

    ② 구독자 10,000명과 1,000만 뷰를 채웠을 때 애드센스 수익 활동이 가능하다.

    ③ 광고비 수익을 나눠주는 구조를 가지고 있다.

    ④ 크리에이터들을 파트너로 생각한다.

2. 구독자와 조회수를 늘릴 수 있는 방법으로 잘못된 것은?

    ① 시청자 유입을 위해서라면 어그로를 끌만한 과도한 문구를 사용하는 게 좋다.

    ② 일관성 있는 콘텐츠를 올린다.

    ③ 키워드 매니저, 키워드 툴, 네이버 광고 등을 활용하여 황금 키워드를 찾는다.

    ④ 관련 동영상에 추천될 수 있도록 경쟁 채널의 유사 태그를 사용한다.

3. MCN에서의 활동이 아닌 것은?

    ① 광고 수익 활동을 분배한다.

    ② 법적 소송관리는 민감한 부분이므로 관여하지 않는다.

    ③ 타 유튜버들과 콜라보 협업의 기회를 제공한다.

    ④ 인터넷 콘텐츠 창작자들의 매니저 역할을 한다.

4. 성공한 유튜버들의 공통점이 아닌 것은?

    ① 하루라도 먼저 시작했다.

    ② 캐릭터의 정체성이 분명하다.

    ③ 끊임없는 노력파들이다.

    ④ 콘텐츠를 사업으로 연계하는 건 철저히 배제했다.

5. 유튜브 수익 활동의 유형이 다른 하나는?

> 가. 슈퍼챗
>
> 나. 멤버십
>
> 다. 애드센스 광고
>
> 라. 유튜브 쇼핑몰
>
> 마. 채널 콘텐츠에 따른 다양한 비즈니스 연결
>
> 바. 라이브커머스

① 가　　　　② 나
③ 다　　　　④ 바

정답 1. ②　2. ①　3. ②　4. ④　5. ④

26 성공적인 채널 관리를 위해 챙겨야 하는 것

1) 마인드 컨트롤
2) 시간 관리
3) 재무 관리
4) 언행 관리
5) IN PUT

27 유튜브 레드오션에서 살아남는 법

1) 차별화가 중요하다.
2) 콘텐츠와 콘셉트를 단일화해야 한다.
3) 트렌드를 놓치지 말자.
4) 틈새시장을 포착하라.

28 유튜브 운영 핵심 노하우 3가지

1) 반응을 이끄는 제목과 썸네일로 낚아야 한다.
2) 영상 초반에 끝까지 보고 싶게끔 기대감을 불러일으켜야 한다.
3) 타깃을 넓혀서 클릭률을 높여야 한다.

TEST

1. 성공적인 채널 관리로 챙겨야 하는 것이 아닌 것은?

① IN PUT   ② 언행관리

③ 마인드 컨트롤   ④ 콘텐츠 제작

2. 유튜브 레드오션에서 살아남을 수 있는 방법을 모두 골라라.

> a. 틈새시장을 포착한다.   b. 트렌드를 지지 않는다.
> c. 콘텐츠와 콘셉트는 이원화한다.   d. 차별화가 중요하다.

① a, b, c, d   ② a, b, d

③ b, c, d   ④ a, c, d

3. 유튜브 운영 핵심 노하우에 관한 설명으로 맞는 것은?

① 타깃을 최대한 좁혀야만 클릭률을 높일 수 있다.

② 사람들의 호기심을 높이기 위해 제목은 영상 내용과 무관해도 좋다.

③ 썸네일은 눈에 띌 수 있는 색을 사용하면 유리하다.

④ 조회수를 높이기 위해 조회수가 높은 제목을 똑같이 쓰게 되면 저작권에 걸릴 수 있다.

정답 1. ④ 2. ② 3. ③

02 유튜브 쇼츠에 대한 이해

01 쇼츠 최적화를 위한 방법

1) 키워드: 제목, 설명, 태그 삽입한다.
2) 제목: 콘텐츠의 주요 내용, 가능한 한 간결하고 명확하게 작성한다.
3) 설명: 영상의 내용을 설명란에 자세히 기재한다.
4) 태그: 영상과 관련된 태그를 적절히 입력, 구체적이고 명확하게 한다.
5) 시간: 시청자들이 영상을 빠르게 이해할 수 있도록 15~30초를 추천한다.
6) 소셜 미디어 공유: 인기도가 상승할 수 있다.
7) 참여 유도: 댓글, 좋아요, 구독 등의 참여 활동을 유도한다.

02 쇼츠 키워드 찾는 법

1) 유튜브 검색창 이용하기

2) 유튜브 스튜디오 이용하기

- '분석' → 인기 있는 콘텐츠 항목 → 최근 28일간 인기 있는 쇼츠(숏폼) 동영상 선택
- 인기 있는 쇼츠 동영상의 제목과 해시태그를 분석하여 자신이 만들고자 하는 쇼츠와 관련된 키워드를 파악한다.

3) 위너 영상의 키워드 벤치마킹하기

- '위너 영상'은 채널에서 조회수가 다른 영상보다 많이 나온 영상을 말한다.
- 사용하려는 키워드를 검색해서 조회수가 많은 영상의 채널로 들어간다.
- 2개월 이내 업로드된 쇼츠 영상 위주로 확인한다.
- 내가 검색한 키워드가 들어간 영상 제목을 벤치마킹한다.

4) 유튜브 검색창에서 연관 검색어 활용하기

- 종합(Overall) 점수 45점 이상인 키워드를 활용한다.

5) 무료 키워드를 찾을 수 있는 사이트 활용하기

① vidIQ(비드아이큐) 이용

- 구글 계정으로 회원가입 → 'Add your Youtube channel 허용' 클릭
- 우측 상단 → 'Download extension(크롬의 확장프로그램 추가)' 클릭
- 검색창에 키워드 검색 → Overall 45점 이상의 키워드 활용
- 인라인 키워드와 Search panel 활성화
- Google 트렌드 데이터(관련 검색어) 활용
- 상위 관련 기회(Top related opportunities) 클릭 → 키워드 인스펙터(Open in Keyword inspector) 활용

② 구글에서 한글로 '블랙키위(blackkiwi.net)'를 검색하여 활용

03 쇼츠 전환율 vs 클릭률

- 콘텐츠의 목적과 플랫폼의 특성에 따라 다르다.
- 특정 상품 홍보 시 전환율이 중요하다.
- 브랜드 인지도를 높이기 위할 땐 클릭률이 더 중요하다.

04 시청자들이 끌리는 쇼츠 콘텐츠 TOP 4

1) 유머 + 재미있는 요소
    예) 패러디, 코미디, 반전, 액션, 반응
2) 교육적, 정보성의 콘텐츠
    예) 강의형 콘텐츠, 정보 제공형 콘텐츠, 팁 제공형 콘텐츠, 지식공유형 콘텐츠
3) 트렌드 + 이슈에 대한 콘텐츠
    예) 이슈 콘텐츠, 트렌드 콘텐츠(패션, 뷰티, 음악, 게임 등), 챌린지 콘텐츠, 먹방 콘텐츠, 여행 콘텐츠, 뉴미디어 콘텐츠(인공지능, 가상현실, 증강현실)
4) 놀이 + 게임과 관련된 콘텐츠
    예) 게임 플레이, 게임 리뷰, 챌린지, DIY 게임, 게임 토크쇼

05 쇼츠 가장 HOT 한 길이

쇼츠에서 가장 핫한 길이는 '15초~30초 사이'다. 평균적으로 뷰어들이 빠르게 소비하고 공유하기 쉬우며 더 긴 동영상들보다 시청률이 높다. 인스타그램의 릴스, 틱톡 등 다른 플랫폼에서도 보편적으로 사용되는 길이다.

06 쇼츠 픽셀과 화면 비율

- 1080 × 1920PX, 화면 비율 9:16
- 파일 형식: MP4, MOV
- 최대 파일 크기는 500MB

07 쇼츠 키워드 사용법

1) 적절한 키워드를 사용한다. → 검색 엔진 최적화
2) 유저가 콘텐츠를 찾을 때 도움을 준다.
3) 타킷 오디언스(독자)를 더욱 명확하게 설정할 수 있다.

08 쇼츠 콘텐츠 소재 찾는 법

1) 키워드를 활용해 찾는다.
2) 다른 채널(인스타그램, 블로그, 틱톡 등)을 통해 찾는다.
   예) 하퍼스 바자 코리아(https://harpersbazaar.co.kr/)
3) 비드아이큐에서 데일리 아이디어(Daily Ideas), 타이틀 추천(AI 타이틀 추천 서비스/ AI Title recommendations)을 통해 찾는다.
4) 앤설 더 퍼블릭을 통한 사람들의 관심사로부터 소재를 찾는다(https://answerthe-public.com/, 회원가입 필수, 하루 3회 검색 가능).
5) 구글 트렌드를 통해 소재를 찾는다(https://trends.google.co.kr/trends/).
6) 뉴스를 통한 이슈성 소재를 찾는다(https://news.naver.com).
7) 카테고리와 관련된 영화나 드라마에서 찾는다.

09 쇼츠 대본 작성법

1) ChatGPT를 통한 대본쓰기

2) 뤼튼(Wrtn)을 활용한 대본쓰기

3) 비드아이큐 이용하기(AI Generator 메뉴 활용)

4) Ask up(카톡 채널 추가)

TEST

1. 유튜브 타깃팅에 대한 설명으로 잘못된 것은?

① 관심사 타깃팅은 관심 분야를 기준으로 고객군을 분류하는 것을 말한다.

② 주제 및 게재 위치 타깃팅은 사람을 기준으로 한다.

③ 인구 통계 타깃팅은 기본적으로 성별, 나이에 따른 타깃팅이 가능하다.

④ 주제 및 게재 위치 타깃팅의 기준이 되는 것은 콘텐츠다.

2. 지역 타깃팅에 대한 설명으로 틀린 것은?

① 고객이 사용하는 핸드폰 단말 종류별로 다르게 광고하는 방법이다.

② 각 지역에 특화된 메시지를 보낼 수 있다.

③ 지역 타깃팅을 고객 맞춤형 타깃팅으로 활용할 수 있다.

④ 고객이 현재 위치한 지역을 기준으로 광고를 노출하는 방법이다.

3. 쇼츠 최적화를 위한 방법으로 잘못된 것은?

① 키워드는 제목, 설명, 태그에 삽입한다.

② 콘텐츠의 주요 내용으로 하고 제목은 가능한 한 간결하고 명확하게 작성한다.

③ 매력적인 시간은 60초를 추천한다.

④ 소셜 미디어에 공유하면 인기도가 상승할 수 있다.

4. 시청자들이 끌리는 쇼츠 콘텐츠에 관한 설명으로 옳지 않은 것은?

① 유머와 재미있는 요소를 가미하는 게 좋다. 그 예로는 패러디, 코미디, 반전, 액션, 반응 등이 있다.

② 교육적, 정보성의 콘텐츠가 좋은데 이슈 콘텐츠가 여기에 속한다.

③ 게임 플레이, 게임 리뷰, 게임 토크쇼 등 놀이와 게임이 관련된 콘텐츠가 좋다.

④ 트렌드와 이슈에 대한 콘텐츠에는 패션, 뷰티, 음악, 게임 등이 있다.

정답 1. ② 2. ① 3. ③ 4. ②

03 유튜브 저작권에 대한 이해

01 저작권이란?

저작권은 창작물을 만든 사람의 노력과 가치를 인정하고, 저작자의 권리와 이에 인접한 권리를 보호하는 것이다(어문, 문학, 미술, 건축, 사진, 영상, 도형, 컴퓨터프로그램 저작물 등). → 위반 시: 5년 이하의 징역 또는 5천만 원 이하의 벌금

> ☑ **저작물란?**
> 특별히 저작권의 보호를 받는 콘텐츠를 말한다.

cf) 저작권법 제28조
공표된 저작물은 보도, 비평, 교육, 연구 등을 위하여는 정당한 범위 안에서 공정한 관행에 합치되게 이를 인용할 수 있다.
→ 모든 창작자는 공정이용의 원칙을 준수하는 방향으로 사용
→ 공정이용: 원저작물의 시장 수요를 대체하지 않는 정도

02 저작권에 대한 이해 (다음과 같은 경우엔 허용된다)

1) 사적 이용을 위한 복제

개인적으로 이용하거나 가정 및 이에 준하는 한정된 범위 안에서 이용하는 경우

2) 학교 교육 목적 등에의 이용

그 외 시사 보도를 위한 이용, 영리를 목적으로 하지 아니하는 공연이나 방송 등의 목적으로 저작물을 제한적으로 인용하는 경우

3) 2차적 저작물(저작권법 제5조)

원저작물을 번역, 편곡, 변형, 각색, 영상 제작 그 밖의 방법으로 작성한 창작물은 독자적인 저작물로서 보호된다. 2차적 저작물의 보호는 그 원저작물의 저작자의 권리에 영향을 미치지 아니한다.

03 저작권 대처방안

1) 다른 사람이 만든 동영상 콘텐츠를 자신의 유튜브 채널에 이용하려고 할 때는 반드시 사전에 허락을 받아야 한다(허락받지 않은 타인의 콘텐츠 사용은 자제해야 한다).
2) 저작권에서 자유롭거나 혹은 특정 조건을 충족하는 경우 자유롭게 이용할 수 있는 콘텐츠를 활용한다. 저작권 위원회에서 운영하는 '공유마당, 공공누리 사업, 크리에이티브커먼즈에서의 조건'을 확인하여 적절히 이용한다.
3) 공정이용(저작권법 제35조의 3)처럼 저작권자의 허락 없이 쓸 수 있는 상황인지 확인한다.
4) 권리의 귀속이 분명하지 않은 콘텐츠의 경우에는 각종 상담센터나 법률 전문가에게 먼저 문의하는 것이 좋다.

TEST Tip. 저작권은 지식재산권의 한 종류!
- 지식재산권은 문학, 미술, 음악, 음반, 발명, 디자인 등 인간의 지적 활동으로 만들어진 창작물을 보호하는 권리다.
- 지식재산권은 특성에 따라 산업재산권, 저작권, 신지식재산권으로 나뉜다.
  ① 산업재산권: 실용, 경제산업 분야에서 나온 창작물을 보호하는 권리
  ② 저작권: 문학, 미술, 음악, 사진, 영화, 무용 등 문화 분야의 창작물을 보호하는 권리
  ③ 신지식재산권: 전통적인 산업재산권이나 저작권 외에 20세기에 들어 새롭게 나타난 경제적 가치를 지닌 지적 창작물을 보호하는 권리

04 저작물이 갖추어야 하는 3가지 요건

- 저작물은 인간의 사상이나 감정이어야 한다. 인공지능(AI)이 만들어낸 음악은 저작물에 포함되지 않는다.
- 저작물은 표현되어야 한다. 머릿속에서는 완성되었다고 하더라도 아직 표현되지 않았다면 저작물이 아니다.
- 저작물은 창작물이어야 한다. 남의 것을 베낀 것은 저작물이라고 할 수 없다.

TEST Tip. 이것만은 알고 가자!
- 제조회사의 홈페이지 사진을 함부로 가져다 쓰면 안 된다.
- 물건이나 동물은 소유주가 있으므로 촬영하려면 먼저 소유주의 허락을 받아야 한다. 소유자는 물건이나 동물을 사용하고 이익을 얻을 수 있는 권리를 독점하기 때문이다.
- 초상화의 저작권은 화가에게, 사진의 저작권은 사진사에게 있으며, 초상화에 나오는 모델(위탁자)의 허락도 함께 받아야 한다.

05 저작권 분야

저작권 분야는 저작인격권, 저작재산권, 저작인접권 세 가지로 나뉜다.

1) 저작인격권

저작권의 주체(저작자)와 분리할 수 없는 정신적, 인격적 이익을 추구할 수 있는 권리다.

2) 저작재산권

경제적 가치가 있는 이익의 향수를 내용으로 하는 권리로, 저작물을 일정한 방식으로 이용하여 경제적인 이익을 얻을 수 있는 권리다.

3) 저작인접권

창작된 표현을 보호하는 저작권은 아니지만, 유사한 역할을 하므로 저작권법에 따라 저작권에 준하여 보호되는 권리다.

06 초상권

자신의 얼굴이나 모습, 이름, 이미지 등이 허락 없이 촬영되거나 이용되지 않을 권리(인격적 권리 → 위자료 배상)

07 퍼블리시티권

자신의 초상이나 이름 등을 상업적으로 이용할 수 있는 권리(재산적 권리 → 재산적 손해배상)

TEST

1. 다음 설명 중 틀린 것은?

① 인간의 지적 활동으로 만들어진 창작물을 보호하는 권리를 지식재산권이라 한다.

② 신지식재산권은 20세기에 들어 새롭게 나타난 경제적 가치를 지닌 지적 창작물을 보호하는 권리를 말한다.

③ 실용, 경제산업 분야에서 나온 창작물을 보호하는 권리를 실경재산권이라 한다.

④ 지식재산권은 특성에 따라 산업재산권, 저작권, 신지식재산권으로 나뉜다.

2. 다음 설명 중 옳은 것은?

① 제조회사의 홈페이지는 물건을 공급받는 곳이라서 사진을 가져다 써도 된다.

② 초상화에 나오는 모델은 허락받지 않아도 된다.

③ 인공지능(AI)이 만들어낸 음악이나 그림도 저작물에 포함된다.

④ 퍼블리시티권은 자신의 초상이나 이름 등을 상업적으로 이용할 수 있는 권리를 말한다.

3. 저작물이 갖추어야 하는 세 가지 요건으로 잘못된 것은?

① 저작물은 창작물이어야 하므로 남의 것을 베낀 것은 저작물이라고 할 수 없다.

② 머릿속에서는 완성되었다고 하더라도 아직 표현되지 않았다면 저작물이라고 할 수 없다.

③ 저작물은 인간의 사상이나 감정이어야 한다.

④ 저작물은 저작인격물, 저작재산물, 저작인접물로 구분된다.

4. 저작권에 관한 설명으로 잘못된 것은?

① 개인적으로 이용하거나 가정 및 이에 준하는 한정된 범위 안에서 이용 시 허용된다.

② 원저작물을 번역하거나 편곡, 변형, 각색하는 행위는 금지된다.

③ 2차적 저작물의 보호는 그 원저작물의 저작자의 권리에 영향을 미치지 않는다.

④ 시사 보도를 위한 이용, 영리를 목적으로 하지 아니하는 공연이나 방송 등의 목적으로 저작물을 제한적으로 인용하는 경우는 허용된다.

정답 1. ③ 2. ④ 3. ④ 4. ②

TEST Tip. 무료 영상과 무료 음원 사이트 소개

▶ 무료 영상 이미지 사이트

1. 모든 영상을 제작하는 사이트
   - 비디보 (https://www.videvo.net/)

2. 감성적인 영상을 제공하는 사이트
   - 마즈와이 (https://mazwai.com/)

3. 상업적으로 이용할 수 있는 이미지 사이트
   - 언스플래쉬 (https://unsplash.com/)

4. 회원 수가 가장 많은 공유 이미지 사이트(상업적 이용 가능)
   - 픽사베이 (https://pixabay.com/ko/)

5. 아기자기한 아이콘을 무료로 제공하는 사이트
   - 아이콘파인더 (https://www.iconfinder.com)
   - 플래티콘 (https://www.flaticon.com)

▶ 무료 음원 이미지 사이트

1. 음악과 효과음을 제공하는 사이트
   - 오디오 라이브러리 (https://www.youtube.com/audiolibrary)

2. 출처를 표시하지 않아도 되는 사이트
   - 효과음연구소 (https://soundeffect-lab.info/)

08 유튜브의 저작권 반론 통지

- 유튜브의 저작권 반론 통지는 저작권 침해가 의심되어 삭제된 동영상을 복원해 줄 것을 요청하는 법적 조치다.
- 반론 통지는 언제 제출하나?

업로드한 동영상이 실수나 잘못 판단하여 사용이 중지된 경우에만 반론 통지를 제출할 수 있다. 그 외에는 불가하다.

09 업무상 저작물의 5가지 요건

- 회사가 콘텐츠 제작을 기획해야 한다.
- 회사 업무에 종사하는 자가 작성해야 한다.
- 업무상 작성하는 콘텐츠여야 한다.
- 회사 명의로 공표되는 것이어야 한다.
- 계약 또는 근무 규칙 등에 다른 규정이 없어야 한다.

10 유튜브 저작권 Q&A

1) 콘텐츠는 모두 저작권 보호를 받을 수 있는가?
- 아니다. 콘텐츠(저작물)가 저작권 보호를 받으려면 창작성originality이 있어야 한다. 창작성 있는 콘텐츠가 되려면 남의 것을 베끼지 않고 최소한의 자기 개성이 있어야 한다.
  cf) 원저작물을 가공하면 창작성을 인정받을 수 있다.

2) 유튜브에 영상을 올렸는데 누군가가 허락도 받지 않고 사용했다. 어떻게 대응해야 할까?
- 유튜브에 동영상 게시 중단 요청을 한다. 유튜브 고객센터에 접속해서 '정책, 안전 및 저작권' 항목을 확인한다. → 경고장을 보낸다.

3) 함께 작업하던 친구가 독립을 선언하면서 유튜브에서 영상을 내리라고 한다면

어떻게 해야 하나?
- 한 명이라도 반대하면 유튜브에서 내려야 한다. 공동저작물의 저작권은 저작자 모두에게 있다.

4) 여러 사람이 함께 만든 유튜브 영상에서 수익이 나면 어떻게 분배하나?
- 공동저작물의 수익은 기여한 정도에 따라 나눈다. 공동 제작을 할 때 계약은 필수다.

5) A가 회사 지시로 촬영한 영상이 유튜브에서 엄청난 조회수를 기록했다. 이때 A에게도 권리가 있을까?
- 업무상 저작물의 권리는 회사에 있다.

6) 실시간으로 동영상 강의를 했는데 3개월 동안 보수도 못 받고 퇴사한 A 씨, 저작권을 가질 수 있을까?
- 회사가 업무상 저작물의 저작자로서 지위를 갖는 경우
- 회사가 동영상 강의를 기획/투자하는 등 전체적으로 책임을 지는 경우

> ▶ A 씨와 회사 간에 특별히 약정해 둔 게 없다면 동영상에 관한 권리는 대부분 영상 제작자, 즉 회사에 있다고 봐야 한다.
> ▶ 대가를 지급받지 못했다면 먼저 회사에 서면으로 계약 파기와 동영상 사용 중지를 요청해야 한다. 그 후 회사의 반응을 보면서 결정한다.

TEST

※ 다음에 오는 문항을 보고 (O, X)로 답하여라.

1. 콘텐츠라면 등록하지 않아도 모두 저작권 보호를 받을 수 있다. (O, X)
2. 여러 사람이 만든 유튜브에서 수익이 나면 분배할 때 N분의 1로 한다. (O, X)
3. 공동저작물의 저작권은 저작자 모두에게 있다. (O, X)
4. 업무상 저작물의 권리는 회사에 있지 않다. (O, X)
5. 유튜브 저작권 반론 통지는 저작권 침해가 의심되어 삭제된 동영상을 복원해 줄 것을 요청하는 법적 조치다. (O, X)
6. 원저작물을 가공하면 창작성을 인정받을 수 없다. (O, X)
7. 상업적 목적으로 이용이 가능한 이미지 공유 사이트는 언스플래쉬와 픽사베이 등이 있다. (O, X)
8. 마즈와이 사이트는 감성적 영상을 제공한다. (O, X)
9. 함께 작업한 친구가 독립을 선언할 때, 유튜브를 내리라고 할 권한은 없다. (O, X)
10. 동영상을 공동 제작할 때 계약은 선택이다. (O, X)

정답 1. O 2. X 3. O 4. X 5. O 6. X 7. O 8. O 9. X 10. X

7) 동영상 제작 의뢰를 받아 프리랜서로 일한 B 씨, 프리랜서도 저작권을 주장할 수 있는가?
- 프리랜서의 저작권 문제는 회사와 계약한 내용에 따라 달라진다.
- 특별히 계약하지 않았거나 계약서에 저작권을 규정해 놓지 않았다면 프리랜서에게 저작권이 있다.
- 업무상 저작물의 저작권을 회사에 있다.

8) 저작권에 등록한 캐릭터로 투자 회사의 방송용 애니메이션을 만들려고 하는 C 씨, 어떻게 계약해야 할까?
- 캐릭터는 모두 등록해 두는 게 좋다(저작권에 등록하지 않았다고 해서 저작권자로서 인정받지 못하는 건 아니다. 그러나 저작권 등록을 해두면 자신이 저작권자라고 입증할 때 크게 도움을 받는다).
- 완성한 애니메이션의 저작권은 계약 내용에 따라 달라진다(계약 내용에 특별한 언급이 없다면 애니메이션의 권리는 제작사가 갖는 게 원칙이다. 방송사가 자금을 대는 등 투자를 했더라도 방송사가 제작 전체를 기획하고 책임지는 경우가 아니라면 저작권은 실제 제작한 제작사에 있다. 보통 외주 제작사가 권리를 갖는 경우가 많다).
- 시각적 캐릭터는 독자적인 저작권으로 인정받는다(방송된 애니메이션은 방송사가 권리를 모두 가진다 하더라도 계약 내용에 별다른 언급이 없다면 C가 창작한 캐릭터는 권리를 가질 수 있다).

9) 의뢰받아 제작한 캐릭터를 저작권에 등록할 생각인데 회사에서 먼저 디자인 등록을 해도 상관없는가?
- 계약서를 작성하지 않아도 캐릭터를 창작했다면 저작권이 있다.
  * 캐릭터는 창작한 사람이 저작자가 되므로 계약서를 작성하지 않았더라도 저작권 또한 저작자가 가지는 게 원칙이다(단, 계약서에 저작권을 회사에 양도하는 것으로 규정해 놓으면 저작자의 저작권은 회사에 넘어간다).

* 저작권은 계약서를 작성해야만 등록할 수 있는 게 아니다. 창작이 완성되었다면 언제라도 저작권을 등록할 수 있다. 이때 복제물을 함께 제출해야 한다.
• 콘텐츠에 저작권과 디자인권이 모두 성립할 때 저작권이 우선한다.
* 저작권은 창작과 동시에 발생하고, 디자인권은 등록한 후부터 비로소 발생한다.
* 저작권과 디자인권은 각각 별도의 권리이므로 콘텐츠 하나에 두 가지 권리가 함께 발생할 수 있다.
* 콘텐츠 저작권과 디자인권을 각각 다른 사람이 가질 경우 먼저 발생한 저작권자의 허락이 없으면 사용할 수 없다(회사에서 디자인권을 사용하려면 질문자에게 허락 또는 저작권을 양도받아야 한다).

TEST

※ 다음에 오는 문항을 보고 (O, X)로 답하여라.

1. 업무상 저작물이란 회사 명의로 공표된 것이어야 한다. (O, X)
2. 업무상 저작물 작성자는 회사 종사자가 아니어도 된다. (O, X)
3. 회사가 동영상 강의를 기획, 투자하는 등 전체적으로 책임을 지는 경우 저작권은 회사에 있다. (O, X)
4. 프리랜서는 저작권을 주장할 수 없다. (O, X)
5. 시각적 캐릭터는 독자적으로 인정받는다. (O, X)
6. 보통 외주제작사는 저작권을 가질 수 없다. (O, X)

정답 1. O 2. X 3. O 4. X 5. O 6. X

10) 애니메이션을 제작하면 어떤 권리가 있는가?

- 공동저작물은 계약 내용에 따라 결정된다.

＊애니메이션은 영상 제작물에 해당한다. 영상 제작물은 전체를 기획/투자하고 책임지는 제작자뿐 아니라 감독, 배우, 스태프 등 여러 사람이 힘을 합쳐 만든다. 그러므로 완성된 애니메이션의 권리를 누가, 얼마나 갖느냐 하는 문제는 계약 내용에 따라 결정된다.

- 특별한 약정이 없으면 영상 제작자에게 모든 권리를 양도한 것으로 추정한다.

＊영상 저작물에 관한 특례 → 영상 제작자는 애니메이션을 원래 의도대로 전체적으로 이용할 수 있는 권리를 갖는다.

＊스태프의 권리는 '영상 제작물에 관한 특례' 규정에 따라 영상 제작자에게 양도하는 것으로 추정된다. 만약 영상 제작자가 법인이고, 스태프가 근무자라면 스태프는 아무 권리도 갖지 못하고 영상 제작자인 법인만 권리를 갖는 게 원칙이다. 이런 경우 애니메이션은 업무상 저작물이 성립하기 때문이다.

11) 저작권을 양도할 때 계약서에 2차적 저작권을 구체적으로 언급하지 않았더라도 자동으로 양도되는가?

- 계약서에 2차적 저작물을 양도한다는 말이 없다면 2차적 저작물 작성권은 양도된 게 아니다(다만, 이는 일반적인 해석에 따른 것이고, 계약의 해석은 구체적인 계약 과정과 당사자의 관계, 지급된 대금의 액수 등을 따져야 하므로 사안마다 다르게 판단할 수 있다).

TEST

※ 다음에 오는 문항을 보고 (O , X)로 답하여라.

1. 완성한 애니메이션의 저작권은 계약 내용에 따라 달라진다. (O , X)
2. 캐릭터를 창작했다 할지라도 계약서를 작성하지 않으면 저작권은 없다. (O , X)
3. 콘텐츠에 저작권과 디자인권이 모두 성립할 때 저작권이 우선한다. (O , X)
4. 특별한 약정이 없으면 영상 제작자에게 모든 권리를 양도한 것으로 추정한다.
   (O , X)
5. 만약 영상 제작자가 법인이고, 스태프가 근무자라면 스태프는 아무 권리도 갖지 못하고 영상 제작자인 법인만 권리를 갖는 게 원칙이다. (O , X)
6. 애니메이션에는 업무상 저작물이 성립하지 않는다. (O , X)

정답 1. O 2. X 3. O 4. O 5. O 6. X

12) D가 찍은 여행 사진을 여행 정보 전문 업체에서 마음대로 퍼가서 사용했는데 신고할 수 있을까?
   - 신고할 수 있다.
   - 사진을 촬영한 후 이미지 작업을 했다면 창작성을 인정받는다.
   - 창작성을 인정받으면 민형사 소송에서 이길 수 있다(상대방 계정에 사용 중지 요청을 보냄 → 우체국에서 내용증명으로 경고장 발송).
   - 한국저작권위원회에 조정 신청을 해도 된다.
   - 조정 신청은 간편하고 빠르게 절차가 진행되는 장점이 있다. 구속력이 없으므로 상대방이 조정에 응하지 않거나 조정이 성립되지 않으면 결국 정식 재판으로 넘어가야 한다.
   - 상대방 사이트에서 매출이 얼마나 발생했는지 알려면 소송해야 한다.

13) 개인 SNS 자료실에 있는 이미지를 사업용 포털 사이트에서 도용했다면 보상받을 수 있을까?
   - 보상도 받을 수 있고, 형사 고소도 할 수 있다.
   - 저작재산권과 저작인격권 침해에 따른 손해배상을 받을 수 있다.

14) 음식점에서 일하면서 직접 만들어 촬영한 음식 사진을 E 씨 마음대로 사용할 수 없는가?
   - 촬영한 사진이 업무상 저작물에 해당하는지 판단하는 게 중요하다.
   - 만약 업무상 저작물이 되는 요건 중에서 하나라도 충족하지 못하면 실제 촬영한 사람에게 저작권이 있다.

15) "힘들 때 기대세요" 같은 카피 문구도 저작권에 등록할 수 있는가?
   - 저작권법은 제목, 짧은 표어, 캐치프레이즈 등은 보호하지 않는 게 원칙이다.
   - 짧아서 인간의 사상이나 감정을 충분히 창작적으로 표현하지 못하기 때문에 보호를 받지 못한다.

TEST

※ 다음에 오는 문항을 보고 (O , X)로 답하여라. (1~4)

1. 계약서에 2차적 저작물을 양도한다는 말이 없다면 2차적 저작물 작성권은 양도된 게 아니다. (O , X)
2. 개인 SNS 자료실에 있는 이미지를 사업용 포털 사이트에서 도용했다면 형사 고소할 수 있다. (O , X)
3. 한국저작권위원회에 조정 신청을 하면 복잡하고 시간이 많이 걸린다. (O , X)
4. 저작권법은 짧은 표어, 제목, 캐치프레이즈 등은 보호하지 않는 게 원칙이다. (O , X)

5. 업무상 저작물이 되는 요건이 아닌 것은?
   ① 고용주가 창작을 기획했는가?
   ② 창작이 직무에 관한 것이었는가?
   ③ 창작물이 창작주의 이름으로 공표될 예정이었는가?
   ④ 고용주의 직무에 종사하는 자가 창작했는가?

정답 1. O 2. O 3. X 4. O 5. ③

16) 저작권을 침해한 경우 1차 경고를 해야만 처벌할 수 있나?
- 불법 저작물을 직접 올린 경우 사전 조치 없이 처벌받을 수 있다.
- 실수로 저작권을 침해한 경우에는 처벌하기 어렵다(타인의 저작권을 무단으로 침해했을 때에만 원칙적으로 처벌할 수 있다. 즉 형사책임을 진다).
- 실수라 해도 민사책임(손해배상)은 져야 한다.

* 기소유예처분이란 처벌하지 않고 한 번 용서해 주는 것을 말한다.
* 손해배상 등의 책임은 고의뿐만 아니라 과실로 침해한 행위도 져야 한다.

17) 저작권을 침해했을 때 형사책임의 기준이 어떻게 되나?
- 형사책임은 징역형과 벌금형이 있다.
- 형사 사건의 처벌 기준은 여러 가지 정황을 고려해서 법관이 정한다.

18) 다른 사람의 저작권을 침해했을 때 저작권자가 요청하지 않으면 처벌받지 않는 건가?
- 친고죄는 원래 피해자가 고소하지 않으면 수사를 진행하지 않는다. 그러나 저작권법이 개정(2011.12.2.)됨에 따라 영리를 목적으로 하거나 상습적으로 저작권을 침해하는 경우에는 친고죄가 아닌 것으로 바뀌었다.
- 즉 피해자가 고소하지 않더라도 처벌할 수 있다.

19) 온라인에서 수집한 내용을 재구성하여 동영상을 만든 A 씨, 유튜브에 올릴 때 출처를 표기하면 괜찮은가?
- 공표된 저작물 인용 규정이 적용될 수 있는지가 중요하다(출처, 작성자의 아이디를 명확하게 구분하고 표기했다면 괜찮다).
- 정당한 범위 안에서 이용해야 한다(나의 저작물이 주가 되고 인용되는 타인의 저작물이 종이 되는 주종관계가 분명해야 한다).
- 다른 사람의 저작물을 수정, 변형하면 안 된다(저작자의 저작인격권인 동일성 유지권을 침해할 수도 있다).

20) 유명한 필라테스 강사의 동작을 따라 한 영상을 촬영해 유튜브에 올리려고 하는데 괜찮은가?

- 동작을 촬영한 영상물은 함부로 사용하면 안 된다(저작권 침해와 별도로 초상권과 퍼블리시티권까지 침해할 수 있다).
- 초상권을 침해하면 위자료만 배상하면 되지만, 퍼블리시티권을 침해하면 재산적 손해까지 배상해야 한다.
- 재산적 손해는 인지도 높은 강사나 연예인일 경우 고액이 될 수 있다.

TEST

※ 다음에 오는 문항을 보고 (O, X)로 답하여라.

1. 실수로 저작권을 침해한 경우라도 처벌받는다. (O, X)
2. 기소유예처분이란 처벌하지 않고 세 번 용서해 주는 것을 말한다. (O, X)
3. 손해배상 등의 책임은 고의뿐만 아니라 과실로 침해한 행위도 책임을 져야 한다. (O, X)
4. 친고죄는 피해자가 고소하지 않더라도 수사를 진행한다. (O, X)
5. 유명한 요가 강사의 동작을 따라 한 영상을 촬영해서 함부로 사용했을 때 초상권뿐만 아니라 퍼블리시티권까지 침해할 수 있다. (O, X)
6. 퍼블리시티권을 침해 시 위자료와 재산적 손해를 배상해야 한다. (O, X)

정답 1. O 2. X 3. X 4. O 5. O 6. O

21) 백종원 씨의 레시피로 영상을 만들었는데 유튜브에 올려도 되는가?
   - 음식 레시피는 저작권 침해가 되지 않는다.
   - 창의적이고 개성 있게 표현한 레시피를 베끼는 건 안 된다(cf. 개성 있게 디자인된 식당의 메뉴판은 미술 저작물로 보호될 수 있다).

22) 식당 이용 후기 글이나 리뷰 영상 등을 인터넷에 올릴 때 식당 주인한테 허락을 받아야 하나?
   - 식당 주인한테 허락받아야 한다.
   - 촬영한 영상에 미술 저작물이 그대로 노출되면 미술 저작물의 저작권 침해가 될 수도 있다.
   - 주된 대상에 다른 저작물이 부수적으로 포함되는 경우에는 저작권 침해에서 면책된다.
   - 주된 대상을 촬영하거나 녹화하면 부수적 이용 행위라고 볼 수 없다.

23) 유튜브 영상에 유명 연예인 사진이 들어 있는 상품이 나오면 문제가 되는가?
   - 연예인이 들어간 제품 사진을 인터넷에 올리려면 저작자의 허락을 받는 게 원칙이다(cf. 최소 기준 허용의 원칙: 법률이 지나치게 사소한 영역이나 최소한의 영역까지 개입해서는 안 된다는 원칙).
     * 저작권법 제35조의 3(부수적 복제 등)
   → 사진 촬영, 녹음 또는 녹화를 하는 과정에서 보이거나 들리는 저작물이 촬영 등의 주된 대상에 부수적으로 포함되는 경우에는 이를 복제·배포·공연·전시 또는 공중 송신할 수 있다. 다만 그 이용된 저작물의 종류 및 용도, 이용의 목적 및 성격 등에 비추어 저작재산권자의 이익을 부당하게 해치는 경우에는 그렇지 않다.
   - 영상의 포커스를 연예인 얼굴에만 맞춘다면 저작권 침해될 수도 있다.

24) 방송 프로그램이나 가수의 노래를 패러디한 영상물을 제작해서 유튜브나 팟캐

스트에 올려도 되나?
- 어떤 상황이나 일정한 범위 안에서 원저작자가 패러디를 허용하기도 한다.
- 패러디할 경우 두 가지 조건을 지켜야 한다.
   ① 보는 사람이 패러디라는 사실을 즉시 알 수 있어야 한다.
   ② 직접적 패러디여야 한다(직접적 패러디: 이용하는 원작품 자체를 풍자한 경우 / 매개적 패러디: 원작품을 이용하지만 풍자 대상은 원작품 자체가 아니라 다른 어떤 사회 현상인 경우).

TEST

※ 다음에 오는 문항을 보고 (O , X)로 답하여라.

1. 음식 레시피도 저작권 침해가 된다. (O , X)
2. 최소 기준 허용의 원칙이란 법률이 지나치게 사소한 영역이나 최소한의 영역까지 개입해서는 안 된다는 원칙을 말한다. (O , X)
3. 주된 대상에 다른 저작물이 부수적으로 포함되는 경우에는 저작권 침해에서 면책이 된다. (O , X)
4. 순수한 식당 이용 후기를 인터넷에 올릴 때는 주인에게 허락받지 않아도 된다. (O , X)
5. 패러디에는 직접적 패러디와 매개적 패러디가 있다. (O , X)
6. 패러디할 경우 세 가지 조건을 지켰을 때 허용된다. (O , X)

정답 1. X 2. O 3. O 4. O 5. O 6. X

25) 미드나 일드 영상에 한글 자막을 입혀서 유튜브에 올리려고 하는데 괜찮나?
- 2차적 저작물을 작성하려면 원저작자의 허락을 받아야 한다(2차적 저작물을 작성하는 권리는 원저작자에게 있으므로, 원저작권자가 아닌 사람이 2차적 저작물을 작성하려면 원저작자의 허락을 받아야 한다. 허락받지 않고 이런 저작물을 만들면 원저작권자의 2차적 저작물 작성권을 침해하는 게 된다).

26) 영어 잡지나 신문에 실린 기사나 칼럼을 지문으로 사용하여 영어 강의를 하는 동영상을 만들어도 되는가?
- 다양한 매체에서 최소한으로 인용해야 위험하지 않다.
- 교과서를 교재로 하는 동영상 콘텐츠도 정당한 범위 안에서 인용해야 한다.

* 수업 목적 저작물의 공정한 이용 범위 가이드라인

구분	공정한 이용 범위
어문(논문, 소설, 수필, 시 등)	1~10% 이내
음악	5~20% 이내 (최대 5분 이내)
영상	5~20% 이내 (최대 15분 이내)

27) 인터넷 서점에서 책 이미지와 감동받은 구절을 블로그에 올리고 있는데 저작권 문제와 상관있나?
- 감동받은 구절 일부를 인용할 때 출처를 밝히면 상관없다.
- 출판사에서 책 표지 이미지 사용을 허락했다고 볼 수 있다.

* 저작권법 제28조(공표된 저작물의 인용)
공표된 저작물은 보도. 비평·교육·연구 등을 위하여서는 정당한 범위 안에서 공정한 관행에 합치되게 이를 인용할 수 있다.

28) TV 오락 프로그램의 일부분을 가공해서 영상을 제작하면 저작권에 위배되지 않는가?
- 원저작물을 변형하면 동일성 유지권 침해까지 책임져야 한다.

- 공표된 저작물일 경우 극히 일부분만 인용할 수 있다.

29) 기업이 온라인에 공개해 둔 공시 자료나 IR(기업 정보를 투자자에게 알려주는 기업 설명회) 리포트는 자유롭게 사용해도 되는가?
- 공개한 자료도 저작권 대상이 될 수 있으므로 내려받아 복제, 배포, 전송하면 안 된다(다만, 강의용 자료를 만들면서 인터넷에 있는 자료 중 일부를 인용하고 출처를 밝혀주는 정도라면 저작권 침해의 책임을 면제받을 수 있다).

TEST

※ 다음에 오는 문항을 보고 (O, X)로 답하여라.

1. 2차적 저작물을 작성하는 권리는 원저작자에게 있다. (O, X)
2. 교과서를 교재로 하는 동영상 콘텐츠도 정당한 범위 안에서 인용해야 한다. (O, X)
3. 인터넷에서 감동받은 구절을 인용하여 사용할 경우 저작권 침해가 된다. (O, X)
4. 원저작물을 변형하더라도 동일성 유지권 침해에 대한 책임까지 져야 하는 건 아니다. (O, X)
5. 다른 사람의 음악을 이용 시 공정한 이용 범위는 5~10% 이내다. (O, X)
6. 온라인에 공개된 기업의 IR 리포트 자료를 자유롭게 사용할 경우 저작권 대상이 될 수 있다. (O, X)
7. 인터넷에 공개된 자료는 내려받아 복제, 배포, 전송할 수 있다. (O, X)

정답 1. O 2. O 3. X 4. X 5. X 6. O 7. X

30) 다른 사람의 그림을 보고 따라 그려서 웹에 올리면 저작권 문제가 되는가?
- 2차적 저작물 작성권 침해가 성립한다.
- 2차적 저작물 작성권 침해의 3가지 요건
 ① 타인의 저작물에 의거
 ② 그 저작물과 실질적으로 유사한 저작물
 ③ 허락 없이 작성한 경우

31) 오디션 프로그램을 보면 기존 가요를 대부분 편곡해서 부르는데 원곡 작사가, 작곡가의 허락을 받아야 하는가?
- 편곡하려면 작사가, 작곡가에게 허락받아야 한다.
- KOMCA(한국음악저작권협회)가 작사가, 작곡가를 대신한다.
- KOMCA 홈페이지에서 이용 허락신청서 양식을 내려받아 사용할 곡을 써서 제출하면 된다.
- 편곡과 관련하여 최근 커버 음악이 문제가 되고 있다(커버 음악은 유튜브와 같은 개인 미디어에서 많이 활용된다. 허락받지 않고 만든 커버 음악은 원곡 저작권자의 2차적 저작물 작성권을 침해할 가능성이 높다).

32) 동영상을 이용해 모바일 사업을 하려는데 관련 동영상을 무료로 사용할 수 있는가?
- 동영상은 무료로 사용할 수 없다.
- 음원을 사용하려면 먼저 저작자, 저작인접권자의 허락을 받아야 한다.
- 뮤직비디오나 드라마, 영화, CF 등을 사용하려면 여러 명의 저작자와 저작인접권자의 허락을 받아야 한다.

33) 경남 산청 남사예담촌 마을의 멋진 건축물을 배경으로 영상을 촬영해서 개인 SNS에 올려도 되는가?
- 광고에 건물 사진을 사용하려면 소유자, 건축가의 허락도 받는 것이 안전하다.
- 개방된 장소에 항시 전시된 미술 저작물 등은 자유로이 복제할 수 있다.

34) 무료 이미지 사이트에 콘텐츠는 그냥 써도 되는가?

- 무료 이미지 사이트에서도 출처를 밝히라고 명시되어 있다면 반드시 출처를 밝혀야 한다.
- 상업적 이용이 가능한지 아닌지에 따라서 사용 여부가 달라질 수 있다.

35) 광고 수익을 창출하고 있는 콘텐츠를 써도 되는가?

→ 상업적 이용에서 자유로운지 반드시 저작권자에게 확인해야 한다.

① 권장 사항(수익 창출이 허용되는 경우의 예시)
- 직접 만들지 않은 콘텐츠에 재미나 아이디어를 더한 버전
- 비평 과정에서 사용하는 다른 사람의 콘텐츠 클립
- 직접 대사를 바꾸고 더빙한 영화의 한 장면
- 선수의 성공 또는 실패 장면을 설명하는 스포츠 경기 다시 보기
- 원본 동영상에 대한 내 의견을 밝히는 리액션 동영상
- 다른 크리에이터의 영상에 줄거리 또는 해설을 더한 편집물

② 금지 사항(수익 창출이 허용되지 않는 경우의 예시)
- 다른 소셜미디어 웹사이트에서 가져와 편집한 짧은 동영상
- 여러 아티스트의 노래 모음(허가받은 경우 포함)
- 좋아하는 프로그램 속 장면에 설명을 거의 또는 아예 추가하지 않고 편집된 클립
- 다른 사람의 콘텐츠 홍보(허가받은 경우 포함)
- 다른 크리에이터들이 여러 번 업로드한 콘텐츠

TEST

※ 다음에 오는 문항을 보고 (O , X)로 답하여라.

1. 편곡하려면 작사가, 작곡가, 음반 제작자에게 허락받아야 한다. (O , X)
2. 뮤직비디오나 드라마, 영화, CF 등을 사용하려면 여러 명의 저작자와 저작인접권자의 허락을 받아야 한다. (O , X)
3. 광고에 건물 사진을 사용하려면 건물 소유자의 허락만 받으면 된다. (O , X)
4. 개방된 장소에 항시 전시된 미술 저작물 등은 자유로이 복제할 수 있다. (O , X)
5. 음원을 사용하려면 먼저 저작자, 저작인접권자의 허락을 받아야 한다. (O , X)

정답 1. X 2. O 3. X 4. O 5. O

04 유튜브 정책

01 유튜브 정책에 관한 Q&A

1) 사이버 보안을 전문적으로 다루는 아나는 사이버 보안 전문가들이 보안 취약점을 찾고 방지하기 위해 컴퓨터 시스템과 네트워크를 테스트하는 활동인 윤리적 해킹에 관해 설명합니다. 사용자가 윤리적 해킹 챌린지에 도전해 볼 수 있도록 자신이 웹사이트에서 윤리적 해킹 도구를 사용하는 모습이 나오는 동영상을 업로드합니다. 동영상에서 아나는 윤리적 해킹 도구와 기술을 사용하여 챌린지를 완료합니다. 정책 위반인가요?

   ○ 예
   ⦿ 아니오
   → 아나는 사용자 인증 정보를 도용하거나 개인 정보를 침해하거나 다른 사람에게 심각한 피해를 줄 목적으로 사용되지 않는 윤리적 해킹 도구를 시연합니다.

2) 올가는 로그인을 우회하여 인기 영화 스트리밍 서비스에 무료로 액세스할 수

있는 웹사이트에 관한 튜토리얼을 업로드합니다. 직접 가입하는 과정을 보여주고 좋아하는 TV 프로그램의 클립을 재생하여 실제로 작동함을 입증합니다. 본래 스트리밍 서비스를 시청하려면 비용이 드는데 이 웹사이트에서는 요금을 지불할 필요가 없습니다. 정책 위반인가요?

- ⦿ 예
- ○ 아니오
- → 본래 이용을 위한 결제가 필요한 스트리밍 서비스에 무단으로 액세스하는 방법을 안내하는 것은 허용되지 않습니다.

3) WBN은 지역뉴스 방송국입니다. 이 방송국에서는 위협을 받고 있다고 경찰에 신고해 친구의 집에 경찰이 출동하는 클립을 보여주며 경찰을 대상으로 한 장난 전화의 위험성을 다룹니다. 이러한 짓궂은 장난으로 인해 경찰이 출동해 심각한 부상을 입은 사람들에 대해 보도합니다. 정책 위반인가요?

- ○ 예
- ⦿ 아니오
- → 이 동영상은 위험하고 짓궂은 장난을 보여주지만 교육 및 다큐멘터리 맥락을 제공하며 위험성을 설명하여 이러한 행위를 말리고 있습니다.

4) 게임 채널에서 인기 비디오 게임의 로그인 정보가 어떻게 도용되는지에 관해 다룬 정보 제공 동영상을 업로드합니다. 진행자가 가짜 방문 페이지를 만들어 수상한 낌새를 알아채지 못한 사용자로부터 비디오 게임 계정의 로그인 세부 정보를 수집하는 방법을 보여줍니다. 정책 위반인가요?

- ○ 예
- ⦿ 아니오
- → 동영상에 교육적 맥락이 있지만 이 콘텐츠에서는 로그인 데이터를 수집하는 방법을 설명합니다. 특정 콘텐츠는 맥락을 추가했더라도 유튜브에서 허용되지 않는다는 점에 유의하세요. 컴퓨터 또는 정보 기술을 사용하여 개인 정보를 침해하거나 다른 사람에

게 심각한 피해를 주는 방법에 대한 설명은 이러한 콘텐츠에 해당합니다.

5) 샘은 몇 가지 팁과 권장 사항을 포함해 기말고사를 치르고 학교 과제를 수행하는 방법을 다룬 동영상을 게시합니다. 에세이를 대리 작성해 주는 유료 웹사이트 링크를 걸고 적은 노력으로 기말고사를 끝내는 빠른 방법이라고 말합니다. 정책 위반인가요?

- ◉ 예
- ○ 아니오
- → 학문적 주제에 대한 팁과 권장 사항을 제공하는 행위는 정책 위반이 아니지만, 대가를 지불하고 자신의 학업을 타인에게 맡기는 등 학술 관련 부정행위 서비스를 제공하는 콘텐츠는 허용되지 않습니다. 샘은 에세이 작성 서비스 링크를 제공하여 학술 관련 부정행위 방법에 대한 안내를 공유하는데, 이는 허용되지 않는 행위입니다.

6) 파티마는 운동 브이로거입니다. 자신이 알려주는 운동을 시청자들이 언제 어디서나 실천할 수 있기를 바란다고 말하며 유튜브 동영상을 다운로드할 수 있는 웹사이트를 찾아 이를 사용하는 방법을 알려줍니다. 유튜브에서 사전에 명시적으로 승인받지 않은 경우 유튜브 콘텐츠를 다운로드하는 것은 서비스 약관을 위반하는 행위입니다. 파티마는 다른 크리에이터의 콘텐츠를 다운로드하는 것을 말리지만 유튜브에서 자신의 콘텐츠를 다운로드할 수 있는 권한을 구독자에게 제공한다고 말합니다. 해당하는 정답을 모두 선택하세요.

- ○ 아니오, 자신의 콘텐츠를 다운로드하는 방법을 설명하고 있으므로 정책 위반이 아닙니다.
- ◉ 예, 유튜브 콘텐츠의 다운로드를 조장하므로 정책 위반입니다.
- ○ 아니오, 무료 콘텐츠를 다운로드하는 방법을 알려주므로 정책 위반이 아닙니다.

7) 준은 게임 브이로거입니다. 게임 업계에서 불법 게임 다운로드에 맞서 시행 중

인 규정에 관한 동영상을 게시합니다. 기업에서 규정을 시행하려고 할 때마다 사람들은 게임을 무료로 다운로드할 새로운 방법을 찾아낸다고 설명합니다. 예를 들기 위해 시청자들이 인기 비디오 게임을 무료로 다운로드할 수 있는 웹사이트의 URL을 공유하고 얼마나 쉽게 다운로드할 수 있는지 보여줍니다. 해당하는 정답을 모두 선택하세요.

- ⊙ 원칙적으로 결제가 필요한 풀버전 비디오 게임에 무단으로 액세스할 수 있는 웹사이트를 사용하는 방법을 보여주므로 정책 위반입니다.
- ○ 동영상에 교육 맥락이 있으므로 정책 위반이 아닙니다.
- ○ 준이 불법으로 다운로드한 게임을 이용하고 있으므로 정책 위반입니다.
- → 시청자에게 풀버전 비디오 게임과 같이 원칙적으로 결제가 필요한 콘텐츠에 무단으로 액세스하기 위해 앱, 웹사이트 또는 기타 정보 기술을 사용하는 방법을 보여주는 콘텐츠는 허용되지 않습니다.

05 1인 미디어에 대한 이해

01 1인 미디어의 정의

인터넷 동영상, SNS 플랫폼 등을 기반으로 개인이 이용자 취향에 맞춘 차별화된 콘텐츠를 생산하고 이용자와 상호작용을 통해 부가가치를 창출하는 신개념 미디어(과학기술 정보통신부, 2019)

> ☑ '창작자'에 대한 정의
> 1인 미디어 창작자, 1인 창작자, 1인 크리에이터

02 국내 1인 창작자 현황

- 유튜브에서의 인지도를 기반으로 큰 수익을 창출하고 있다.
- 케이블TV와 지상파 등으로 채널을 확장하고 있다.

03 비즈니스 환경의 변화

- IT의 진화: 기술적 특징의 빠른 변화
  예) 온라인화, 지능화, 융복합화 등
- 소비 패턴의 변화
  예) 개인화, 맞춤화 등
- 플랫폼의 확대
  단일 플랫폼 → 일방향 소통에서 / 통합 플랫폼 → 쌍방향 소통으로 확대
- 가치혁신
  기술 중심, 양적 확장에서 감성 중심, 질적 향상으로 비즈니스의 가치지향화

04 비즈니스의 트렌드

- 비즈니스 채널의 다양화: 인터넷, 모바일 활성화, 융합 비즈니스 등장
- 신개념 비즈니스 등장: 스마트 쇼핑, 1인 기업 및 크라우드 소싱의 활성화
- 비즈니스 수익모델 진화: 인터넷, 모바일 광고 급부상, 크로스 미디어 시대의 도래
- 가치지향적 비즈니스 확산: 고객지향적 마케팅 활발, 사회 공헌 비즈니스 확산

05 1인 미디어 비즈니스 유형

1) 자체 생산 판매형: 개인 미디어를 통해 직접 만든 제품이나 아이디어 판매
2) 광고 수익형: 개인 미디어에 기업의 광고를 게시하고 클릭, 노출 수를 기준으로 일정 금액의 커미션을 받음
   예) 구글 애드센스
3) 중개 역할형: 공동 구매, 중고품 거래 등을 중개하고 수수료 등 대가 수령

06 1인 미디어 플랫폼의 특성

구분	인스타그램	유튜브	페이스북
강점	■ 이미지 마케팅 ■ 매우 높은 신뢰도 ■ 해시태그를 통해 그룹화 ■ 소통성이 높음	■ 정보 유지 기간이 무한대 ■ 구글과 연동 가능 ■ 콘텐츠 전파가 빠름	■ 멤버 수가 많음 ■ 다양한 나이대가 사용 ■ 바이럴 마케팅 활용이 가능 ■ 높은 신뢰도(실제 친구)
약점	■ 정보 유지 기간이 짧음 ■ 링크 공유가 불가 ■ 검색이 어려움	■ 낮은 신뢰도 ■ 저작권 침해 문제 ■ 콘텐츠 제작이 어려움	■ 정보 유지 기간이 짧음 ■ 소통성이 낮음 (지인 위주)
마케팅 초점	■ 시각적인 효과 ■ 해시태그 활용의 극대화	■ 동영상의 장점을 최대한 활용	■ 직관적, 심플한 정보 위주

TEST

1. 1인 미디어에 관한 설명으로 잘못된 것은?

① 1인 미디어는 인터넷 동영상, SNS 플랫폼 등을 기반으로 개인이 이용자 취향에 맞춘 차별화된 콘텐츠를 생산하고 이용자와 상호작용을 통해 부가가치를 창출하는 신개념 미디어를 말한다.
② 창작자는 1인 미디어 창작자, 1인 창작자, 1인 크리에이터를 말한다.
③ 국내 1인 창작자는 점점 줄어가는 추세다.
④ 국내 1인 창작자는 유튜브에서의 인지도를 기반으로 큰 수익을 창출하고 있다.

2. 비즈니스 환경의 변화에 관한 설명으로 틀린 것은?

① 기술적 특징의 빠른 변화로 IT가 진화되고 있다.
② 소비 패턴이 개인화에서 대중화로 변화되고 있다.
③ 단일 플랫폼 일방향 소통에서 통합 플랫폼 쌍방향 소통으로 확대되고 있다.
④ 가치혁신은 기술 중심, 양적 확장에서 감성 중심, 질적 향상으로 변화되고 있다.

3. 1인 미디어 플랫폼의 특성으로 바르게 설명한 것은?

① 인스타그램은 정보 유지 기간이 무한대다.
② 유튜브는 콘텐츠 전파가 빠르다.
③ 유튜브는 검색의 어려움이 있다.
④ 페이스북은 저작권 침해 문제에 노출될 수 있다.

정답 1. ③ 2. ② 3. ②

06 사진·영상 촬영 기술에 대한 이해

01 카메라 앵글

찍고자 하는 대상에 대한 카메라의 위치나 렌즈의 각도를 말한다. 유튜브에서 주로 쓰이는 앵글에 대해 알아보자.

1) 수평 앵글(stand angle): 피사체를 수평으로 담는 기법
- 아이 레벨(eye level)이라고도 하는 기본적인 앵글
- 가장 안정적인 화면 제공
- 극적인 효과는 기대 불가

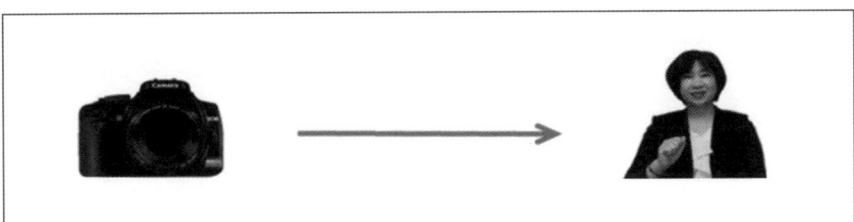

2) 하이 앵글(high angle)/하이 레벨: 피사체를 위에서 아래로 내려다보며 찍는 기법

- 이벤트나 사건, 인물을 관찰자적 입장에서 조망
- 회화적인 조형미, 기하학적 장면 연출
- 인물의 무력감을 표현하고자 할 때

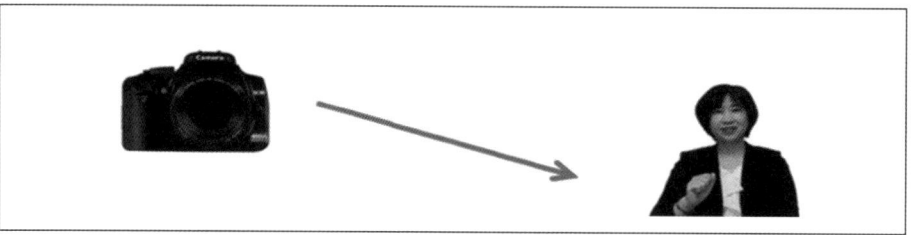

2) 로우 앵글(low angle)/로우 레벨: 피사체를 밑에서 올려다보며 찍는 기법

- 건물의 권위를 나타낼 때
- 인물의 위압적인 느낌을 표현할 때

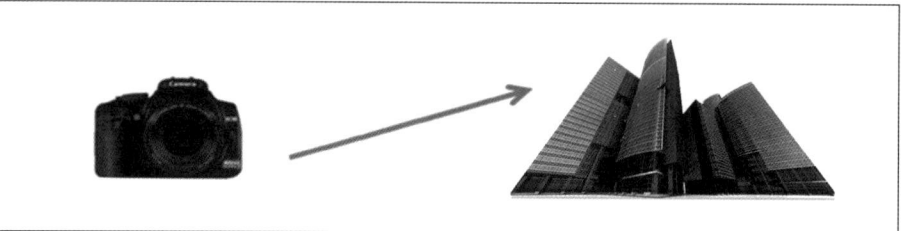

TEST Tip. 삼각대 축의 유무에 따라 다양한 종류가 있다!

▶ **삼각대 축이 있는 경우**

　① 패닝샷(panning shot): 좌우로 축을 이용하여 전경을 담아내는 기법

　② 틸트샷(tilt shot): 상하로 축을 이용하여 전경을 담아내는 기법

▶ **삼각대 축이 없는 경우**

　① 달리샷(dali shot): 카메라가 피사체에 다가가거나 멀어지는 무빙moving 기법

　② 트랙샷(track shot): 카메라가 좌우로 움직이는 무빙 기법

TEST

1. 다음 ( )안에 알맞은 말로 올 수 있는 것은?

> ( )은 찍고자 하는 대상에 대한 카메라의 위치나 렌즈의 각도를 말한다.

① 이미지각　　② 카메라 앵글　　③ 캠코더 로케이션　　④ 렌즈 앵글

2. 아이레벨(eye level)에 대한 설명으로 틀린 것은?

① 스탠다드 앵글이라고도 한다.
② 가장 안정적인 화면을 제공한다.
③ 피사체를 수평으로 담는 기법이다.
④ 극적인 효과도 표현이 가능하다.

3. 하이 앵글(high angle)에 대한 설명으로 올바른 것은?

① 피사체를 대각선으로 담는 기법이다.
② 인물이 가지고 있는 행복감, 기쁨을 표현하고자 할 때 사용하는 기법이다.
③ 회화적인 조형미, 기하학적 장면을 연출하고자 할 때 사용하는 기법이다.
④ 건물의 권위를 나타낼 때 사용하는 기법이다.

4. 로우 앵글(low angle)에 대한 설명으로 잘못된 것은?

① 피사체를 밑에서 올려다보며 찍는 기법이다.
② 피사체의 권위를 표현하고자 할 때 사용되는 기법이다.
③ 극적인 효과는 표현이 불가하다.
④ 다리가 길어 보이게 하는 효과가 있다.

정답 1. ②　2. ④　3. ③　4. ③

02 카메라 초점을 맞출 때 알아두면 좋은 점

1) 인물
- 사람이나 동물 등을 촬영할 때는 '눈'에 초점을 맞추는 것이 기본이다.
- 의도적인 경우를 제외하고 눈에 초점이 맞지 않았을 때는 초점이 흐려진 사진으로 판단된다.

2) 식물
- 꽃을 촬영할 때는 '꽃술'에 초점을 맞추는 것이 기본이다.
- 꽃잎 등 특징이 되는 부분이나 가장 보여주고 싶은 부분에 의도적으로 맞출 수도 있다.

3) 정물
- 기본적으로 피사체 자체에 초점을 맞춘다. 클로즈업할 때는 가장 매력적인 부분이나 시선을 모으고 싶은 곳에 맞춘다.

4) 풍경
- 화면 전체에 초점이 맞아 있는 것처럼 보이는 경우에도 대충 찍지 말고 포인트가 되는 곳을 고려해 그곳에 정확하게 초점을 맞춘다.

03 동영상 촬영 팁 7가지

1) 조리개를 많이 열어둔다(조리갯값을 최대한 낮춰준다. 숫자가 낮을수록 많이 열린다).
    → 예) F1.8 < F1.2 | F2.4 > F2.8
    → 뒷배경이 없어져서 아웃포커싱 효과가 극대화된다.
    → 영상이 굉장히 밝아진다. 셔터 스피드와 ISO로 적절한 노출을 맞춘다.

2) 직사광선을 피하자.
- 순광: 조명이 카메라의 뒷면에서 정면으로 비출 때

- 역광: 조명이 카메라의 정면에서 뒷면으로 비출 때
- 사광: 조명이 카메라의 측면에서 비출 때(조정하기가 편하다.)
  → 실내에선 소프트박스를 사용하면 좀 더 부드러운 느낌으로 촬영할 수 있다.
  → 야외에선 태양(세상에서 가장 좋은 조명), 구름(세상에서 가장 좋은 소프트박스)
  → 구름이 없는 곳일 땐 나무 밑이나 살짝 그늘진 곳이 좋다.

3) **야외 촬영(자연광 실내도 포함) 시 태양이 머리 위에 있을 때(오후 12시~오후 2시) 촬영을 피해준다.**
- 해가 뜰 때, 해가 질 때 찍어야 가장 예쁘게 나온다.
- 통상적으로 오후 3시~4시 이후에 찍는 것이 좋다.

4) **영상에 기본 구도를 맞춘다.**
- 3분할 구도(교차하는 점에 맞춰 찍기) → 훨씬 더 안정적인 영상을 담아낼 수 있다.

5) **영상 속에 인물의 위치를 맞춘다.**
- 사람의 시선이 향한 곳의 공간(루킹룸, 노즈룸)을 넓게 위치시켜 준다.
- 사람의 머리 위에 공간(헤드룸)을 적당히(한 뼘 정도) 비워둔다(너무 좁게 잡으면 답답하게 느껴지고, 너무 넓게 잡으면 영상의 집중도를 떨어트릴 수 있다).

6) **많은 영상 소스를 확보해 놓는다.**
- 같은 피사체를 클로즈업, 풀 샷 등 여러 각도에서 찍어두면 다양한 그림을 연출할 수 있다.

7) **나만의 스타일을 만든다.**
- 말투, 촬영하는 방법, 색감을 맞추는 방법, 스토리 구성 등(기본적인 촬영 스킬보다 훨씬 중요).

> ☑ **영상은 스토리Story다**
> - Wide shot (넓게)
> - Full shot (캐릭터 전체)
> - Medium shot (절반 부분)
> - Close up (자세히)

- 나만의 스타일이 메인이 되고, 촬영 및 편집 스킬은 서브가 되어야 한다.

04 영상 콘티에 대한 이해

1) 콘티의 개념?

Continuity의 줄임말로 영화나 텔레비전 드라마의 촬영을 위해 각본을 바탕으로 필요한 모든 사항을 기록한 것을 말한다. 장면의 번호, 화면의 크기, 촬영 각도와 위치에서부터 의상, 소품, 대사, 사운드, 타이밍, 액션 등이 적혀 있다. 이는 shot과 shot의 연결이며, 이것이 집합적으로 모여 신(scene, 장면)을 이루고 신이 모여 시퀀스(sequence, 순서)를 형성한다.

2) 콘티의 중요성

영상 제작의 기획 단계로서 영상의 구성과 흐름을 계획하고 조직하는 역할을 한다. 이를 통해 제작자들은 촬영과 편집에 필요한 리소스를 효율적으로 활용할 수 있으며, 영상의 완성도를 높일 수 있다. 또한 콘티를 통해 영상의 전체적인 분위기를 미리 파악할 수 있어, 촬영 및 편집 과정에서 발생할 수 있는 오류를 미리 방지할 수 있다.

3) 콘티 짜는 법

① 전체 스토리 구성

영상의 전체적인 스토리를 구성한다. 이때 스토리보드를 활용하여 스토리의 흐름을 시각화할 수 있다.

② 장면 구성

영상의 각 장면을 세분화하여 구성한다. 각 장면은 어떤 장소에서 어떤 상황이 벌어지는지, 어떤 인물이 등장하는지, 어떤 카메라 앵글과 편집 기법을 사용할 것인지 등을 고려하여 구성한다.

③ 대사 및 효과음 작성

영상에 필요한 대사와 효과음을 작성한다. 대사와 효과음은 영상의 전체적인 분위기와 흐름을 결정하는 중요한 요소다.

④ 콘티 작성

장면 구성과 대사 및 효과음을 종합하여 콘티를 작성한다. 콘티는 영상의 전체적인 구성과 흐름을 시각적으로 표현할 수 있는 도구다.

⑤ 수정 및 보완

작성한 콘티를 검토하고, 필요한 부분을 수정 및 보완한다. 이 과정에서 영상의 전체적인 구성과 흐름을 개선할 수 있다.

05 채널 이탈을 막는 영상 구성 비법

| 들어올리기 | → | 받아치기 |

1) 들어올리기

시청자들의 공감을 끌어올릴 수 있는 친숙한 말로 관심을 끈다.

예문) 시공간의 제약을 극복하고 나의 강의를 듣기 위해 다른 지역에서도 오는 이유, 그것은!

2) 받아치기

강조하고 싶은 핵심 된 말을 한다.

예문) 고객의 눈높이에 맞는 맞춤식 교육을 하고 있기 때문이다.

TEST

1. 다음 설명으로 잘못된 것은?

① 달리샷(Dali shot)은 삼각대 축이 있는 경우로 카메라가 피사체에 다가가거나 멀어지는 무빙 기법을 말한다.

② 틸트샷(Tilt shot)은 상하로 축을 이용하여 전경을 담아내는 기법을 말한다.

③ 패닝샷(Panning shot)은 좌우로 축을 이용하여 전경을 담아내는 기법을 말한다.

④ 트랙샷(Track shot)은 삼각대 축이 없는 경우로 카메라가 좌우로 움직이는 무빙 기법을 말한다.

※ 다음에 오는 문항을 보고 (O , X)로 답하여라. (2~14)

2. 사람이나 동물을 촬영할 때는 '이마'에 초점을 맞추는 것이 기본이다. (O , X)

3. 꽃을 촬영할 때는 '꽃잎'에 초점을 맞추는 것이 기본이다. (O , X)

4. 풍경을 촬영할 때는 화면 전체에 초점이 맞아 있는 것처럼 보이더라도 대충 찍지 말고 포인트가 되는 곳을 고려해 그곳에 정확하게 초점을 맞춘다. (O , X)

5. 동영상 촬영 시 조리갯값이 최대한 높여주어야만 고퀄리티 영상을 담아낼 수 있다. (O , X)

6. 조명이 카메라 측면에서 비추는 것을 '사광'이라 한다. (O , X)

7. 실내에선 소프트박스를 사용하면 좀 더 부드러운 느낌으로 촬영할 수가 있다. (O , X)

8. 흐린 날보다 맑은 날에 더 좋은 영상을 담아낼 수 있다. (O , X)

9. 동영상 촬영하기 가장 좋은 시간은 오후 12시~오후 2시다. (O , X)

10. 영상 촬영 시 3분할 구도로 찍으면 좋다. (O , X)

11. 사람의 시선이 향한 곳의 공간은 최대한 좁게 잡아야만 안정적인 구도로 촬영을 할 수가 있다. (O , X)

12. 영상 촬영 시 헤드룸을 너무 좁게 잡으면 답답한 느낌이 들게 하고, 너무 넓게 잡으면 영상의 집중도를 떨어트린다. (O , X)

13. 영상 촬영 시 나만의 스타일은 서브가 되어야 하고, 나머지 요소들(촬영 스킬, 영상 편집)은 메인이 되어야 한다. (O , X)

14. 카메라의 뒷면에서 조명이 정면으로 비추는 것을 '순광'이라 한다. (O , X)

15. 다음은 영상 콘티 짜는 법에 관한 단계다. 순서로 알맞은 것은?

① 콘티 작성 → 전체 스토리 구성 → 장면 구성 → 대사 및 효과음 작성 → 수정 및 보완

② 전체 스토리 구성 → 장면 구성 → 대사 및 효과음 작성 → 콘티 작성 → 수정 및 보완

③ 콘티 작성 → 장면 구성 → 대사 및 효과음 작성 → 전체 스토리 구성 → 수정 및 보완

④ 전체 스토리 구성 → 콘티 작성 → 장면 구성 → 대사 및 효과음 작성 → 수정 및 보완

정답 1. ① 2. X 3. X 4. O 5. X 6. O 7. O 8. X 9. X 10. O 11. X 12. O 13. X 14. O 15. ②

"모든 고통 뒤에는 금광이 숨겨져 있다. 세상에 공짜란 없다."

— 조안쌤 책 《괜찮아, 충분히 잘하고 있어》 중에서

2장
유튜브 마케팅 편

01 마케팅에 대한 이해

01 니치마케팅이란?

- 니치Niche: 틈새를 의미하는 말로, '남이 모르는 좋은 낚시터'라는 은유적인 뜻을 가진다.
- 니치마케팅: '틈새시장'이라는 뜻을 가졌으며, 시장의 빈틈을 공략하는 새로운 마케팅이다.

02 왜 틈새시장이어야 하는가?

- 틈새시장을 공략해야 작아도 경쟁 없이 독점할 수 있는 기회를 만들 수 있다.
- 니치마케팅 사례
  냉장고(김치냉장고, 화장품 냉장고, 술장고), 헤어숍(남성 전용, 바버샵, 탈모 전용), 남아전문미술학원(자라다 미술학원), 유제품(어린이 전용 유제품), 노션강사(4060을

위한 노션강사) 등

03 스텔스 마케팅

- 일반적인 광고물에 식상함을 느낀 소비자들의 관심을 유도하기 위해 눈치채지 못하는 사이에 구매 욕구를 자극시키는 방식의 마케팅이다.
- 이제 유튜브 콘텐츠도 스텔스 마케팅의 노선을 따라야 한다.
- 노골적인 광고성 동영상은 외면받게 될 것이다.

04 동영상 마케팅의 7가지 장점

1) 경쟁사와의 확실한 차별을 꾀할 수 있다.
2) 적은 예산으로 고객을 모을 수 있다.
3) 자사의 브랜드를 구축할 수 있다.
4) 잠재고객을 팬으로 만들 수 있다.
5) 동영상 자체를 상품으로 만들 수 있다.
6) 손쉽게 보너스 특혜를 제공할 수 있다.
7) 상품과 서비스를 쉽게 판매할 수 있다.

05 '팬 만들기 동영상' 제작하는 7가지 요령

1) 동영상은 1~3분 정도의 분량으로 짧게 만든다.
   - 동영상 첫 부분에 결론이나 핵심 메시지를 넣는다. 또는 동영상 첫 부분에서 시청자가 얻게 될 이익을 설명한다.

2) 하나의 동영상에는 하나의 메시지만 담는다.
- 1~3분이라는 시간 제약 때문에 물리적으로 많은 양의 메시지를 담을 수 없다.
- 한 동영상에서 여러 메시지를 전달하려 들면 주제와 취지가 모호해져 인상 깊은 동영상이 될 수 없다.

3) 쓸데없는 내용은 빼고 핵심 콘텐츠만 넣는다.
- 고객 유입을 위한 동영상은 짧아야 하기 때문에 쓸데없는 내용을 주절주절 담을 여지가 없다는 것을 기억해야 한다.

4) 노하우는 아끼지 말고 가능한 한 모두 공개한다.
- 시청자를 감동시켜 진정성을 느끼게 해야 한다.

5) 같은 카테고리의 콘텐츠를 최대한 많이 만든다.
- 같은 주제를 일관되게 고수하며 유튜브에 관련 동영상을 최대한 많이 자주 업로드하는 것은 그 분야에서는 '누구에게도 뒤지지 않는 전문가'라는 메시지를 내보내는 행동이다.
- 회사 또는 개인을 브랜딩하는 데 큰 도움이 된다.

6) 동영상에 '콜 투 액션(CTA)' 요소를 꼭 넣는다.
- 광고 영상에 함께 노출되어 시청자들의 액션을 유도하는 매우 유용한 기능이다.
- 콜 투 액션(Call to action): 특정 게시물이나 동영상을 본 사람이 했으면 하는 후속 반응 행동을 뜻한다.
  예) "더 자세한 내용을 알고 싶다면 아래 링크를 클릭하여 자료를 신청하세요."
- 영상 하단에 노출되어 클릭 시 광고주가 원하는 랜딩 페이지로 시청자를 이동시킬 수 있다.
- 랜딩 페이지는 페이스북, 인스타그램, 블로그, 카페, 홈페이지 등 모두 가능하다.

7) 중간에 포기하지 말고 꾸준히 업로드한다.
- 유튜브 신규 채널 90% 이상이 3개월 안에 포기한다.
- 꾸준히 지속하면 양이 질로 바뀌는 시점이 온다.

06 동영상 검색용 키워드 만드는 법

1) 검색 엔진은 키워드 없는 동영상을 찾지 못한다.
- 잠재고객이 될 수 있는 시청자들이 찾는 키워드(검색어)와 동영상에 부여된 키워드(주제어)가 서로 일치하지 않으면 동영상이 고객의 눈에 띌 기회는 생기지 않는다.
- 동영상 제목에 어떤 키워드를 넣으면 좋을지부터 고민하는 게 업로드의 첫걸음이다.

2) 태그 키워드, 연관 키워드를 만들어 검색 결과 상위 노출을 꾀한다.
- 지역 이름이나 업체의 특성을 담아 조합한 '연관 키워드' 혹은 '세부 키워드'를 중심으로 기본 전략을 짜고 공략 방법을 찾는 게 바람직하다.
  예) '포항 미용실, 저렴하고 염색 잘하는 OO를 추천합니다'

07 SEO에 대한 이해

1) SEO(Search Engine Optimization/검색 엔진 최적화): 인터넷에서 누군가 특정한 키워드로 검색했을 때 웹사이트의 주소 링크를 '검색 결과 페이지에서 상위에 나타나게 하는 것'을 말한다.
- SEO 전략과 전술은 계속해서 변한다. 콘텐츠의 형식과 종류가 새롭게 발전하고 소비자들의 콘텐츠 이용 행태 및 검색 패턴도 지속적으로 변하기 때문이다.

- 구글의 검색 알고리즘, SEO에 주로 반영하는 요소와 평가 기준 또한 조금씩 바뀐다.

2) 유튜브 SEO 실전 전략과 핵심 팁

① 유튜브 조회 여부는 '제목'에서 시작된다.
- 유튜브 노출을 위해 가장 중요한 건 제목이다.
- 중요한 연관 키워드를 되도록 제목 앞쪽에 넣는다.
- 차별화를 돕는 나만의 '독창적인 키워드'를 추가한다.

② 설명 영역을 잘 활용하면 웹사이트 클릭도 늘어난다.
- 첫 두세 줄의 문구로 흥미를 불러일으켜 클릭을 유도한다.
- 다른 동영상의 '추천 동영상' 목록에 노출되게 한다.
- 동영상 제목이나 채널명에 들어간 독창적 키워드를 설명에도 넣는다.

③ 태그와 재생목록으로 조회수를 늘린다.
- 태그를 이용해 유입을 증가시키고 조회수를 늘린다.
- 경쟁 채널의 인기 동영상을 찾아 태그 키워드를 따라서 사용한다.
- 재생목록: 일일이 직접 찾지 않아도 유사한 테마의 동영상을 연속해서 볼 수 있도록 만든 일종의 자동 재생 앨범을 말한다.
- 재생목록을 통해 연관 동영상들을 하나로 엮어 놓으면 전체 채널의 유입과 조회수, 시청 시간을 늘리는 데 큰 장점이 있다.

④ 종료 화면, 카드, 미리보기 이미지는 꼭 사용한다.

08 유튜브 애널리틱스

1) 유튜브 애널리틱스
   - 분석 메뉴를 말하는 유튜브 애널리틱스는, 구글 애널리틱스와 달리 유튜브 채널 계정만 있으면 별도의 설치 없이 이용 가능하다.
   - 채널에 동영상을 업로드만하고 나면 따로 신청하거나 승인받는 과정 없이 분석 자료를 살펴볼 수 있다.

2) 유튜브 애널리틱스가 제공하는 데이터의 종류
   ① 트래픽: 유입 경로는 무엇인가?
   ② 검색어: 어떤 키워드로 접속했는가?
   ③ 세그먼트: 어떤 속성의 사용자가 동영상을 시청하는가?
   ④ 통계: 조회수, 이탈지점, 평균 시청 시간, 채널 구독자 수 등

3) 유튜브가 제일 중요하게 여기는 분석 지표들
   - 시청 시간, 평균 시청 지속 시간, 조회수, 시청자들의 참여 반응(좋아요, 싫어요, 댓글, 공유, 재생목록 포함 수, 구독자 증감 수 등)을 그래프와 수치로 측정하여 보여준다.
   - 검색 상위 노출 알고리즘에서도 이 요소들이 중요한 비중으로 반영된다.

4) 유튜브 검색에서 사용하는 검색어
   - 분석: 트래픽 소스의 '유튜브 검색' 항목을 클릭해서 사용된 검색어들을 분석해 보면 시청자들이 어떤 주제와 테마에 관심을 가졌는지 바로 알 수 있다.
   - 유튜브 검색 항목의 키워드와 시청 패턴들을 살펴보면 채널을 찾는 시청자들이 '무엇을 원하고 어떤 콘텐츠를 찾고 있는지' 바로 파악할 수 있다.
   - SEO의 효율을 높일 수 있는 가장 중요한 포인트 중 하나다.
   - 동영상의 제목이나 키워드를 만들고 선택할 때 적극 활용한다.

09 '유튜브 채널 vs 페이스북' 마케팅의 특성

YouTube	Facebook
검색해서 영상을 찾아본다. 그래서 길게 본다.	뉴스피드를 통해 영상을 우연히 본다. 그래서 짧고 가볍게 본다.
채널을 통해 영상이 지속적으로 시청된다.	핫한 영상, 최신 영상을 시청한다.
약 10초 이상 재생 시 조회수가 올라간다.	약 3초 이상 재생 시 재생수가 올라간다.
관심 영상 콘텐츠가 지속적으로 추천된다.	좋아요, 공유, 댓글, 공유가 쉽다.
창작물에 대한 수익 창출이 용이하다.	일정 시간이 지나면 두 번째 페이지로 넘어간다.
영상 내 다양한 특수 기능 사용이 가능하다.	실시간 생방송이 쉽고 일상을 담는다.
글로벌 콘텐츠 글로벌 이슈를 쉽게 접한다.	

10 효과적인 유튜브 마케팅을 위한 방법

1) 키워드 연구
- 유튜브 검색 엔진 최적화를 위해 키워드를 연구한다.
- 특정 주제에 대한 인기 있는 키워드를 찾고 해당 키워드로 제목, 설명 및 태그를 최적화해야 한다.

2) 콘텐츠 계획
- 강력하고 유용한 콘텐츠를 계획한다.
- 시청자의 질문에 답변하거나 문제를 해결하는 비디오를 생성하면 더욱 매력적이다.
- 콘텐츠를 계획할 때 원본이 될 수 있는 블로그 포스트, 인포그래픽, 튜토리얼 등을 중심으로 고려한다.

3) 비디오 품질 개선
- 고품질 비디오를 제공한다. 좋은 조명, 음향, 편집 소프트웨어 사용 등을 통해 비디오 품질을 향상시킬 수 있다.
- 또한 재미있고 시청각적인 요소를 추가하여 시청자의 주의를 끌 수 있다.

4) 매력적인 썸네일
- 흥미로운 썸네일을 사용한다.
- 시청자의 관심을 끌고 클릭률을 높이기 위해 매력적이고 직관적인 이미지를 선택한다.
- 제목과 이미지가 관련되어야 하며 시청자의 호기심을 자극할 수 있어야 한다.

5) 유튜브 SEO 최적화
- 잠재적인 시청자를 유치하기 위해 비디오 제목, 설명 및 태그를 유튜브 SEO에 최적화한다.
- 키워드를 포함하고 관련된 설명과 태그를 작성하여 검색 결과에서 상위에 노출될 수 있도록 한다.

6) 콜 투 액션(Call to action)
- 비디오에 콜 투 액션을 추가하여 시청자를 행동에 이끌 수 있다.
- 구독하기, 좋아요 버튼 누르기, 댓글 남기기, 웹사이트 방문하기 등과 같은 명확하고 간단한 명령을 제공한다.

7) 협업과 제휴
- 인기 있는 유튜버나 다른 브랜드와의 협업을 고려한다.
- 함께 비디오를 제작하거나 서로를 언급하거나 추천함으로써 많은 사람에게 노출될 수 있다.

8) 소셜 미디어 홍보

- 유튜브 비디오를 다른 소셜 미디어 플랫폼에서 홍보한다.
- 페이스북, 인스타그램, 트위터 등에서 링크를 공유하고 시청자들에게 유튜브 채널을 알린다.

☑ 유튜브는 시청자와의 관계 형성과 브랜드 인식 개선을 위한 효과적인 도구다.

9) 댓글 및 응답

- 시청자의 댓글에 응답하여 참여를 독려한다.
- 시청자와의 상호작용을 통해 신뢰와 지지를 얻을 수 있으며 커뮤니티를 형성할 수 있다.

10) 광고 캠페인

- 유튜브 광고를 이용하여 브랜드를 홍보할 수 있다.
- 프리롤 광고, 디스플레이 광고, 인플루언서 마케팅 등 다양한 광고 형태를 고려해 본다.

TEST

1. 동영상 마케팅에 관한 설명으로 잘못된 것은?

① 많은 예산을 투입해야만 고객을 모을 수 있다.

② 자사의 브랜드를 구축할 수 있다.

③ 경쟁사와의 확실한 차별을 꾀할 수 있다.

④ 상품과 서비스를 쉽게 판매할 수 있다.

2. 팬 만들기 동영상을 만드는 요령으로 바르지 않는 것은?

① 동영상은 5분 이상의 분량이어야만 내용을 충분히 전달할 수 있다.

② 하나의 동영상에는 하나의 메시지만 담는다.

③ 노하우는 아끼지 말고 가능한 한 모두 공개한다.

④ 동영상에 '콜 투 액션(CTA) 요소'를 꼭 넣는다.

3. SEO에 대한 설명으로 바른 것은?

① 인터넷에서 누군가 특정한 키워드를 검색했을 때 웹사이트의 주소 링크를 검색 결과 페이지에서 상위에 나타나게 하는 것을 말한다.

② 유튜브 노출을 위해 가장 중요한 건 썸네일이다.

③ 경쟁 채널의 인기 동영상을 찾아 태그 키워드를 따라서 사용하면 저작권에 걸려 법적 제재를 받을 수 있다.

④ 중요한 연관 키워드는 되도록 제목 뒤쪽에 넣는다.

4. 유튜브 애널리틱스에 관한 설명으로 잘못된 것은?

① 유튜브 애널리틱스는 '분석' 메뉴를 말한다.

② 유튜브 애널리틱스는 구글 애널리틱스처럼 별도의 설치가 필요하다.

③ 유튜브가 제일 중요하게 여기는 분석 지표들은 시청 시간, 평균 시청 지속 시간, 조회수, 시청자들의 참여 반응이다.

④ 유튜브 검색어를 사용하는 것은 SEO의 효율을 높일 수 있는 가장 중요한 포인트다.

5. 효과적인 유튜브 마케팅에 관한 설명으로 잘못된 것은?

① 콘텐츠 구상: 강력하고 유용한 콘텐츠를 구상한다.

② 비디오 품질 개선: 좋은 조명, 음향, 편집 소프트웨어 사용 등을 통해 비디오 품질을 향상시킬 수 있다.

③ 매력적인 썸네일: 시청자의 관심을 끌고 클릭률을 높이기 위해 내용과 상관없는 강렬한 썸네일 이미지는 필요하다.

④ 협업과 제휴: 인기 있는 유튜버나 다른 브랜드와의 협업을 고려한다.

6. 유튜브 마케팅에 관한 설명으로 잘못된 것은?

① 썸네일은 시청자들의 시선을 끌기 위해 간접적인 이미지를 선택한다.

② 비디오에 Call to action을 추가하여 행동을 유도할 수 있다.

③ 잠재적인 시청자를 유치하기 위하여 태그를 반드시 사용한다.

④ 유튜브 광고를 이용하여 브랜드를 홍보할 수 있다.

정답 1. ① 2. ① 3. ① 4. ② 5. ③ 6. ①

02 브랜드에 대한 이해

01 브랜드의 정의

미국 마케팅 학회에 따르면, 브랜드란 특정 판매자가 자신의 제품 또는 서비스를 다른 경쟁자의 제품 또는 서비스와 구별해서 나타내기 위해 사용하는 이름, 용어, 심벌, 디자인 혹은 이들의 결합체다.

02 퍼스널 브랜딩 Personal Branding 의 개념

- 자신을 브랜드화하여 특정 분야에 대해서 먼저 자신을 떠올릴 수 있도록 만드는 과정을 말한다.
- 특정 분야에서 차별화되는 나만의 가치를 높여서 인정받게끔 하는 과정이다.

03 퍼스널 브랜드를 하기 위한 기초 단계

1) 창조는 모방에서 시작된다.
- 양서(내용이 교훈적이거나 건전한 책)를 읽고 좋은 사람을 만나며 나에게 부족한 부분을 채워라.

2) SNS의 다양한 채널을 통해 나의 활동과 철학적 가치를 기록하라.
- 팬덤과의 활발한 소통은 나의 브랜드를 성장시키는 원동력이 된다.

3) 자존감을 향상시키기 위해 자기 확언을 하라.
- 매일 수시로 내가 나에게 보내는 긍정적인 메시지는 삶의 에너지가 된다.

> "공자가 말하길 무엇이든 배우고 익히면 시작할 수 있고, 함께 하는 사람들을 즐겁게 할 수 있다면 잘 하고 있는 것이며, 남들의 칭찬이나 비난에도 멈춤 없이 나아갈 수 있다면 자신만의 브랜드를 가질 것이다."
> ― 최종엽/유노북스(2021) 《오십에 읽는 논어》 중에서

04 퍼스널 브랜딩의 구축 단계

1) 브랜드 탐색
- 내가 좋아하는 것, 잘할 수 있는 것, 하고 싶은 것, 나의 소명, 나의 철학적 가치 등을 찾는다.

2) 브랜드 콘셉트
- 나는 어떤 분야의 어떤 사람인가? (Positioning)

- 누구에게 주고 싶은가? (Target)
- 어떠한 이유로? (Reason)
- 어떠한 가치를 주고 싶은가? (Worth)

3) 브랜드 스토리
- 브랜드 콘셉트에 맞춰 진정성 있는 스토리를 만든다.
- 시청자들의 공감을 끌어낼 만한 이야기여야 한다.

> ☑ 브랜딩은 "그런 사람"이라고 믿게 만드는 과정이다. 브랜드는 내가 먼저 만들고 남이 완성하는 것이다.
>
> ☑ 퍼스널 브랜딩은 개인과 직업적인 성공을 달성하는 데에 있어서 중요한 요소로 인식되고 있다.

05 퍼스널 브랜딩을 하고자 하는 당신이 꼭 명심해야 하는 것

- 어떤 브랜드로 보이고 싶은지, 어떤 브랜드가 될 것인지 결정하라.
- 그렇게 보이기 위해 어떤 노력을 할 것인지 구체화하라.

06 퍼스널 브랜딩은 왜 중요한가?

1) 자신을 독특하게 인식하고 자기 강점과 가치를 강조하는 데 도움이 된다.
2) 자신의 전문성과 역량을 강조하여 경쟁 우위를 확보할 수 있다.
3) 자신의 목표를 정하고 그에 맞는 방향으로 나아갈 수 있도록 도와준다.
4) 자신의 네트워크와 인맥을 확장하는 데 도움이 된다.
5) 자신의 신뢰성과 신뢰도를 높이는 데 도움이 된다.
6) 자신의 이미지를 관리하고 긍정적인 인상을 남길 수 있도록 도와준다.
7) 자신의 목표 달성을 위한 동기부여와 집중력을 높여주며, 자원과 기회를 확보하는 데 도움이 된다.

8) 지속적인 모니터링과 개선을 가능하게 하며 자기 계발을 장려한다.

> **Tip. 이것만은 알고 가자!**
>
> ▶ **한 문장 메시지로 자신을 표현한다**
> 한 문장 안에 자신의 강점을 정의하고, 시청자가 누리게 될 혜택과 가치를 담는다.
> 예) 유튜브를 통해 당신의 브랜드를 만들고, 세상을 움직일 수 있게 도와드리는 브랜드 메이커 '조안쌤'입니다.
>
> ▶ **한 문장 메시지 작성 방법**
> ① 정체성Identity 나는 무엇을 하는 사람인지를 어필하라.
> ② 영향력Influence 시청자가 내 채널의 영상을 보았을 때 어떤 이익과 혜택을 줄 수 있는지, 무엇을 이롭게 할 수 있는지를 표현하라.

07 개인 브랜드 공식 3T

[재능(Talent)+훈련(Training)+시간(Time)] = 개인 브랜드

08 브랜드 본질

- 브랜딩은 자기 이해와 성찰로부터 시작된다.
- 개인적 본질: 라이프 스타일, 가치관, 신념 등을 나타낸다.
- 사회적 본질: 서비스의 품질, 이미지 등을 전달하며 시청자(소비자)들과의 관계를 형성한다.

09 한 문장 마케팅 성공을 위한 전략

1) 소셜 네트워크를 다양하게 활용하라.
- 온라인에서의 기록은 절대적으로 필요하다.
- 시공간을 초월해 나를 알릴 수 있다.

2) 나의 생활 자체가 브랜드임을 명심하고, 끊임없는 자기 계발에 시간을 투자하라.
- 일거수일투족 나의 삶은 노출되고 있음을 즐겨야 한다.

3) '단무지' 근성을 장착하라.
- '단'순하지만 '무'조건 '지'속하려는 노력이 필요하다.
- 일만 시간의 법칙은 절대 배신하지 않는다.

10 브랜드 포지셔닝

경쟁에서 우위를 점하기 위해서는 자사 브랜드만이 지닌 차별점을 소비자에게 각인시켜야 한다. 소비자들의 욕구를 충족시키기 위해서는 전체시장을 공략하기보다는 자사가 가장 성공적으로 공략할 수 있는 세분시장을 선택하는 것이 효과적이다. 이를 위해 시장세분화(Segmentation), 목표시장 선정(Targeting), 포지셔닝(Positioning), 즉 STP 전략 수립 과정이 필요하다.

1) 시장세분화
하나의 브랜드 혹은 제품시장을 어떤 기준으로 나누는 것이다. 세분시장은 투입되는 마케팅 믹스에 유사하게 반응하는 비교적 동질적인 고객들의 집단을 말한다. 다시 말해 시장세분화는 기업이 투입하는 브랜드 마케팅 믹스에 각 세분시장 내의 소비자들은 유사한 반응을, 각 세분시장 간의 소비자들은 이질적인 반응을 보일 수 있도록 세분화해야 한다.

시장세분화를 효과적으로 하기 위해서는 세분시장의 규모와 세분시장 내 소비자들의 구매력 등의 특성들을 측정 가능해야 하며, 유통 경로나 매체 등을 통해 세분화된 시장에 접근 가능해야 하고, 세분시장을 공략하기 위한 효과적인 마케팅 프로그램을 실행할 수 있어야 한다. 뿐만 아니라 규모의 경제나 경험 효과를 충분히 활용할 수 있는 충분한 규모의 시장이어야 한다.

2) 목표시장 선정

세분시장 중 자사에 가장 적합한 하나의 세분시장이나 틈새시장을 목표시장으로 선정하는 집중적 마케팅은 한정된 자원으로 효율성을 극대화할 수 있는 전략이다. 하나의 특정한 세분시장에 속한 소비자들의 욕구를 충족시켜 줄 수 있는 하나의 브랜드 마케팅 믹스를 개발하여 공략하기 때문에 해당 시장에서 강력한 브랜드 이미지와 높은 시장점유율을 얻을 수 있다.

집중적 마케팅은 목표시장 내에서 강력한 경쟁적 포지션을 구축할 수 있으나 목표시장 내의 소비자의 욕구가 변화할 경우, 그 목표시장은 시장성을 갖지 못하게 되며, 강력한 경쟁자가 시장에 진입할 경우 시장점유율이 급격히 감소될 수 있다.

3) 포지셔닝

브랜드 관리자가 원하는 방향으로 브랜드 이미지를 형성하고자 세분화된 소비자들에게 정체성을 효과적이고 효율적으로 의사소통하기 위한 활동이다. 브랜드가 고객에게 인식되는 것은 브랜드 정체성이지만 이는 브랜드 포지셔닝을 통해 구체적으로 실현된다.

- **누구를 위한 브랜드인가?**
  어떠한 소비자들을 위한 브랜드가 될 것인가에 대해 정의를 내리는 과정
- **무엇을 대신하는 브랜드인가?**
  핵심 경쟁자가 누구인가에 대한 정의를 내리는 과정으로 경쟁 시장의 영역을 규

정하고 경쟁 브랜드들을 구분해 내는 것
- 언제 사용하는 브랜드인가?

  브랜드가 사용되는 상황이나 경우에 대한 정의를 내리는 과정
- 무엇을 위한 브랜드인가?

  소비자들에게 어떤 것을 약속할 수 있는가에 대한 정의를 내리는 과정으로, 해당 브랜드가 제공하고자 하는 편익을 정의하는 과정
- 브랜드 개성은 무엇인가?

  해당 브랜드가 지니고자 하는 성격과 특성은 어떠한가를 정의하는 과정

11 온라인에서 검색되는 나를 만드는 키워드 3종

1) 브랜드 키워드: 나를 나타내는 키워드

   예) 닉네임, 이름, 브랜드 콘셉트, 회사명 등
2) 전략 키워드: 나의 잠재고객이 나를 찾기 위해 검색하는 키워드

   예) 브랜드 마케팅 전문가
3) 유효 키워드: 나의 콘텐츠가 상위 노출되고 있는 키워드

   예) 인스타 스폰서 광고, 줌 사용법

12 고객이 알아서 찾아오게 하는 전략 키워드 찾는 법

네이버 키워드 도구 사이트 접속 → 나의 키워드 리스트 업 → 선 키워드 후 콘텐츠 작성

TEST

1. 다음 아래에 오는 문장은 무엇에 관한 설명인가?

> 자신을 브랜드화하여 특정 분야에서 먼저 자신을 떠올릴 수 있도록 만드는 과정을 말한다.

① 퍼스널 브랜딩　② 퍼스널 포지셔닝　③ 브랜드 마케팅　④ 퍼스널 타겟

2. 브랜드 포지셔닝에 관한 설명으로 잘못된 것은?

① '시장세분화'를 효과적으로 하기 위해서는 세분시장의 규모와 세분시장 내 소비자들의 구매력 등의 특성들을 측정 가능해야 한다.

② '목표시장 선정'에 있어서의 집중적 마케팅은 한정된 자원으로 효율성을 극대화할 수 있는 전략이다.

③ '시장세분화'는 브랜드 관리자가 원하는 방향으로 브랜드 이미지를 형성하고자 세분화된 소비자들에게 아이덴티티를 효과적이고 효율적으로 의사소통하기 위한 활동을 말한다.

④ '포지셔닝'은 '누구를 위한 브랜드인가? 무엇을 대신하는 브랜드인가? 언제 사용하는 브랜드인가? 브랜드 개성은 무엇인가?'의 브랜드 포지셔닝을 통해 구체적으로 실현된다.

3. 다음은 퍼스널 브랜딩의 구축 단계 중 어디에 해당하는가?

> - 나는 어떤 분야에 어떤 사람인가? (Positioning)
> - 누구에게 주고 싶은가? (Target)
> - 어떠한 가치를 주고 싶은가? (Worth)
> - 어떤 이유 때문인가? (Reason)

① 자기 탐색하기　　　② 브랜드 콘셉트

③ 브랜드 스토리 만들기　　④ 브랜드 SNS 채널 전략 기획하기

4. '한 문장 마케팅'에 관한 설명으로 잘못된 것은?

① 한 문장 메시지를 효과적으로 작성하기 위해서는 먼저 내가 무엇을 하는 사람인지를 어필할 필요가 있다.

② 소셜 네트워크는 개인정보 노출의 위험이 있으므로 한시적으로만 사용한다.

③ 시청자가 내 채널의 영상을 보았을 때 어떤 이익과 혜택을 줄 수 있는지를 표현한다.

④ 단순하지만 무조건 지속하려는 노력은 절대적으로 필요하다.

5. '퍼스널 브랜딩의 구축 단계'에 관한 설명으로 잘못된 것은?

① '찐 나'를 찾는 과정으로 브랜드 탐색이 먼저 실현되어야 한다.

② 퍼스널 브랜딩의 구축 단계는 '브랜드 스토리 → 브랜드 탐색 → 브랜드 콘셉트'로 진행된다.

③ 브랜드의 이야기를 만들어 내는 과정에서 진정성은 반드시 수반되어야 한다.

④ '나는 어떤 분야의 어떤 사람이고, 누구에게 어떠한 이유로 어떠한 가치를 주고 싶은가?'는 브랜드 콘셉트의 요소다.

6. 다음은 무엇에 관한 설명인가? (　　　　　　　　　　)

— 자신의 목표 달성을 위한 동기부여와 집중력을 높여준다.

— 자신의 전문성과 역량을 강조하여 경쟁 우위를 확보할 수 있다.

— 자신을 독특하게 인식하고 자신의 강점과 가치를 강조하는 데 도움이 된다.

— 자신의 목표를 정하고 그에 맞는 방향으로 나아갈 수 있도록 도와준다.

— 자신의 이미지를 관리하고 신뢰성과 신뢰도를 높이는 데 도움이 된다.

정답 1. ① 2. ③ 3. ② 4. ② 5. ② 6. 퍼스널 브랜딩의 중요성

13 SNS 전략 채널 선정 비법

1) 전문가로 인식되는 '블로그' 채널
   - 웹(web)+일기장(Log)
   - 자신의 관심사를 자유롭게 작성
   - 네이버 검색 엔진 검색 결과 노출의 장점
   - 콘텐츠 생산 허브
   - 목적 기반 검색 유입, 전환율 높음

2) 잠재고객이 팔로워가 되는 '인스타그램' 채널
   - 〈사진〉이 주가 되는 SNS
   - 20대에서 유행
   - 사진 한 장과 해시태그만으로 광고 효과 발생
   - 링크와 공유가 되지 않아 정보 전달이 제한적
   - 주 콘텐츠는 뷰티, 맛집, 패션
   - 해시태그 유행(#셀스타그램, #셀피 등)

3) 대중에게 영향력을 높이는 '유튜브' 채널
   - 하루 트래픽 20억의 최대 동영상 플랫폼
   - 전 세계 유저가 시청자
   - 유튜브 공식 채널은 중장기적 플랜으로 진입해야 함
   - 유튜브 라이브 방송을 통해 소통
   - 기타 SNS 매체와의 손쉬운 연동
   - 불분명한 타킷층
   - 기업 및 브랜드의 특별하고, 재미있고, 유익한 영상

4) 인맥 형성에 효과적인 '페이스북' 채널
- 전 세계 인터넷 이용자 24억 명 중 절반이 이용
- 인맥 형성이 가능한 어플로 사용자와 나이층 다양
- 글, 사진, 영상, 링크 자유롭게 공유되어 확장성이 강함
- 뉴스를 페이스북 통해 많이 접함(가짜 뉴스도 많음)
- 뉴스피드 알고리즘 → 반응을 많이 받을수록 확산
- 전문가 및 CEO들이 많이 이용, 퍼스널 브랜딩에 탁월

14 브랜디드 콘텐츠의 개념

- 소개하려는 제품이나 서비스가 아닌 동영상 자체의 매력에 푹 빠질 수 있도록 콘텐츠 안에 자연스럽게 브랜드의 가치와 메시지를 녹이는 방법을 말한다.
- 단순히 광고용으로 만든 동영상이 아닌 하나의 콘텐츠를 창조한다는 생각으로 접근해야 한다.
  예) 선민_sunmin, 김달

15 서브 콘텐츠의 퀄리티를 높이는 방법

- 동영상을 통해 시청자들이 대리만족감을 느끼게 해야 한다.
- 본인의 비즈니스와 연계해야 한다.
- 효과음만 잘 활용해도 양질의 콘텐츠를 만들 수 있다.
- 다양한 콘텐츠에서 활용될 수 있는 양질의 음원(브이로그 음악 라이브러리)

TEST

1. 유튜브 콘텐츠에 관한 설명으로 잘못된 것은?

① 유튜브 콘텐츠에는 심벌 콘텐츠, 서브 콘텐츠, 히로 콘텐츠, 베이직 콘텐츠가 있다.
② 히로 콘텐츠는 새로운 시청자를 확보하기 위한 기획 콘텐츠로 신선하고 혁신적이어야 한다.
③ 서브 콘텐츠는 트렌드에 부합해야 한다.
④ 메인 콘텐츠는 본인의 사업이나 강점과 연계해 주제가 잘 드러날 수 있어야 하며, 장기적인 호흡으로 접근할 수 있는 주제여야 한다.

2. 서브 콘텐츠의 퀄리티를 높이는 방법으로 잘못된 것은?

① 동영상을 통해 시청자들이 대리만족감을 느끼게 해야 한다.
② 본인의 비즈니스와 연결해서 홍보하면 시청자들의 반감을 살 수 있다.
③ 다양한 콘텐츠에서 양질의 음원을 활용한다.
④ 효과음만 잘 활용해도 좋은 콘텐츠를 만들어낼 수 있다.

정답 1. ① 2. ②

16 채널 브랜딩을 위한 10가지 핵심 요소

1) **채널의 핵심 메시지**: 일관된 메시지를 전달하는 게 가장 기본이다.
2) **채널 아이콘(프로필 아이콘)**: 가장 매력적으로 본인과 채널을 표현할 수 있는 사진 혹은 로고를 사용해야 한다.
3) **채널 아트**: 채널의 방향성과 콘셉트에 맞춰 이미지를 제작한다(2560×1440).
4) **채널 설명**: 정확하고 간결하게 적는다.
5) **미리보기 이미지(썸네일)**: 신뢰감을 줄 수 있는 요소, 영상의 내용에 맞게 호기심을 가질 수 있도록 작성한다.
6) **채널 예고편(소개 동영상)**: '채널 맞춤 설정'에서 레이아웃을 활용한다.
7) **카드**: 시청자에게 추가적으로 동영상과 관련된 재생목록, 연관 동영상 등을 홍보할 수 있는 링크를 삽입할 수 있다.
8) **최종화면**: 동영상이 끝나기 20초 전부터 추가 가능하며, 관련 동영상 혹은 보여주고 싶은 동영상으로 클릭을 유도할 수 있다.
9) **워터마크**: 모든 동영상에 설정 가능하다. 주로 채널의 상징이 되는 로고나 사진을 많이 사용한다(150×150, 300×300).
10) **재생목록**: 구독자 확보에 도움이 되며 체계적으로 채널을 운영할 수 있다.

17 기획 아이디어를 얻는 방법

1) 본인의 관심 키워드를 수시로 검색한다. 자신의 동영상 콘텐츠와 관련된 키워드를 수시로 여러 포털 사이트에서 검색해 동향을 파악해야 한다. 그래야 항상 남들보다 빠르게 트렌드를 읽을 수 있고, 뒤처지지 않을 수 있다.
2) 해외 유튜브 동영상을 꾸준히 모니터링한다. 주로 미국이 트렌드를 주도하고 있다. 콘텐츠의 수나 질적인 면에서 우리나라보다 우위를 점하고 있다.
3) 기승전결이 잘 짜인 대본을 준비한다.

4) 디딤돌이 되어줄 티저(예고 광고) 동영상을 제작한다. 30초~1분가량, 본 동영상에 대한 기대감만 심어주는 정도로 제작한다.

5) 동영상 기획안을 만든다. 타깃층, 주제 및 제목, 카테고리, 기획 의도, 콘텐츠를 통해 얻고 싶은 것(목표), 시리즈화 가능 유무, 콘텐츠의 개요 및 차별점, 필요한 인물 및 스태프, 필요한 장비 및 장소, 예정 촬영일 및 예상 촬영 시간, 편집 소요 예상 시간, 업로드 예정 날짜 등.

☑ 스킬과 영상미가 부족하더라도 기획 방향이 올바르고, 콘셉트가 독창적이며, 동영상 안에 진정성과 정성이 담겨 있다면 채널은 충분히 성장해갈 수 있다.

18 마케팅 불변의 법칙

> "마케팅은 제품이 아니라 인식의 싸움이다. 마케팅은 그런 인식을 다루어가는 과정이다."
> — 알 리스, 잭 트라우트/비즈니스맵(2008) 《마케팅 불변의 법칙》 중에서

1) 리더십의 법칙(The law of leadership)
- 더 좋기보다는 최초가 되는 편이 낫다.
  예) 최초의 안전 면도기(질레트), 최초의 잡지(타임), 최초의 미니밴(크라이슬러), 최초의 일반용지 복사기(제록스), 최초로 달 표면을 걸었던 사람(닐 암스트롱)
- 최초의 브랜드가 리더의 위상, 그 이름이 해당 제품 모두를 대변하는 보통명사로 자리 잡기 때문이다.

- 최초의 브랜드는 대부분 해당 영역의 리더가 된다.
- 성공 비결은 소비자의 마음속에 제일 먼저 들어가는 것이다.
- 결국 마케팅은 제품이 아니라 인식의 싸움이다.

2) 카테고리의 법칙(The law of categories)
- 어느 영역에서 최초가 될 수 없다면 최초가 될 수 있는 새로운 영역을 개척하라. 예) IBM(컴퓨터 시장에서 최초), DEC(미니 컴퓨터 시장에서 최초)
- 소비자들은 브랜드라면 무조건 방어적인 태도를 취한다.
- 영역에 관한 한 소비자들은 마음의 문을 연다.
- 사람들은 '무엇이 더 좋은가?'에 관심을 보이지 않고, '무엇이 새로운가?'에 관심을 갖는다.

3) 집중의 법칙(The law of concentration)
- 마케팅에서 가장 강력한 개념은 소비자의 기억 속에 하나의 단어를 심고 그것을 소유하는 것이다.
- 단순한 하나의 단어나 개념에 초점을 모으면 사람들의 마음속에 깊은 인상을 남길 수 있다.
- 마케팅 희생 전략이라 할 수 있다.
- 마케팅의 핵심은 초점을 좁히는 것이다.
  예) BMW(주행), 볼보(안전), 도미노 피자(가정 배달), 펩시콜라(젊음)
- 크라이슬러의 리 아이아코카 회장은 이렇게 말했다. "우리는 최대의 회사가 되기를 원치 않습니다. 우리는 최고의 회사가 되고 싶습니다."

4) 조망의 법칙(The law of prospect)
- 마케팅 효과는 오랜 시간에 걸쳐 발효된다.
- 장기적 효과가 단기적 효과와 정반대로 나타나는 경우가 있다.

5) 정직의 법칙(The law of honesty)

- 스스로 부정적인 면을 인정하면 소비자는 긍정적인 평가를 해 줄 것이다.
- 자신에 대해 자기 입으로 털어놓는 부정적인 발언은 뭐가 됐든 대번에 진실로 받아들여진다.
- 긍정적인 발언의 경우는 소비자들이 인정해 줄 때까지 그 진실성을 입증해 보여야 한다.
- 아이디어와 개념을 새삼 강조해 주는 쪽으로 마케팅 프로그램을 이용한다.
- 이 법칙은 아주 신중하게, 그리고 기술적으로 사용해야 한다.
- '부정'을 인정한 다음에 재빨리 '긍정'으로 돌려놓아야 한다.
- 정직의 목적은 소비자를 설득할 '혜택'을 구축하려는 것이다.

6) 단일의 법칙(The law of single)

- 오직 하나의 대담한 공격만이 실효를 거둘 수 있다.
- 주어진 상황이 어떠하든 오직 하나의 행동만이 실제적인 결과를 창출해 준다.

TEST

1. 다음은 퍼스널 브랜딩의 중요성에 관한 설명이다. 잘못된 것은?

① 구별되는 정체성: 퍼스널 브랜딩을 통해 자신만의 고유한 아이덴티티와 목소리를 구축할 수 있다.

② 직업 기회: 강력한 퍼스널 브랜딩을 구축하면 좋은 인상을 남기고 채용 과정에서 경쟁 우위를 갖을 수 있다.

③ 온라인 이미지 관리: 퍼스널 브랜딩을 통해 자신의 온라인 이미지를 관리하고 전문성을 강조할 수 있다.

④ 네트워킹: 퍼스널 브랜딩을 통해 다른 사람들과의 연결과 네트워킹 기회를 얻을 수 있다.

2. 브랜드 마케팅을 위한 방법으로 잘못된 것은?

① 고유한 가치 제안(UVP)을 개발하여 고객에게 브랜드의 장점과 혜택을 전달해야 한다.

② 목표를 설정하고 브랜드 마케팅 전략을 구체화하는 과정은 프로젝트 중반부에 진행해야 한다.

③ 소셜 미디어 플랫폼을 이용하여 브랜드를 홍보하고 고객과 상호작용할 수 있다.

④ 다채로운 채널을 이용하여 마케팅하면 브랜드의 가시성을 향상할 수 있다.

3. 채널 브랜딩을 위한 설명으로 잘못된 것은?

① 채널의 메시지는 일관되게 전달해야 한다.

② 채널 아이콘은 본인 사진이나 로고를 사용한다.

③ 채널 아트는 채널의 방향성에 맞게 1280×720으로 한다.

④ 카드 기능을 통해 시청자에게 추가적으로 동영상과 관련된 재생목록, 연관 동영상을 홍보할 수 있는 링크를 삽입할 수 있다.

4. 기획 아이디어를 얻는 방법으로 잘못된 것은?

① 해외 유튜브 동영상을 꾸준히 모니터링한다.

② 본인의 관심 키워드를 여러 포털 사이트에서 수시로 검색한다.

③ 디딤돌이 되어줄 티저 광고 동영상은 3분 이상으로 제작한다.

④ 기승전결이 잘 짜인 대본을 준비한다.

5. 마케팅 불변의 법칙에 관한 설명으로 잘못된 것은?

① 스스로 부정적인 면을 인정하면 소비자는 긍정적인 평가를 해 줄 것이다(조망의 법칙).

② 오직 하나의 대담한 공격만이 실효를 거둘 수 있다(단일의 법칙).

③ 단순한 하나의 단어나 개념에 초점을 모으면 사람들의 마음속에 깊은 인상을 남길 수 있다(집중의 법칙).

④ 어느 영역에서 최초가 될 수 없다면 최초가 될 수 있는 새로운 영역을 개척한다(카테고리의 법칙).

6. 아래 내용은 무엇에 대한 설명인가?

> a. 더 좋기보다는 최초가 되는 편이 낫다.
> b. 성공 비결은 소비자의 마음속에 최초로 들어가는 것이다.
> c. 결국 마케팅은 제품이 아니라 인식의 싸움이다.
> d. 최초의 브랜드는 대부분 해당 영역의 리더가 된다.

① 리더십의 법칙　　② 카테고리의 법칙

③ 정직의 법칙　　　④ 단일의 법칙

정답 1. ①　2. ②　3. ③　4. ③　5. ①　6. ①

03 유튜브 광고에 대한 이해

01 애드뷰 Ad View

기업의 마케터가 광고비를 지불해 획득한 조회수를 말한다. 즉 마케터가 유튜브에 광고비를 내고 고객에게 Push 형태로 광고를 노출한 뒤 얻는 조회수다. 시청자에게 광고를 5초간 강제 노출한 후 해당 광고를 30초 이상 봤을 때 카운트되는 수치다.

02 오거닉뷰 Organic View

광고비를 쓰지 않은 상태에서 시청자가 자발적 의지로 광고를 시청한 조회수를 말한다. 이는 검색을 통해 해당 영상을 찾아봤거나 연관 동영상으로 추천된 영상을 클릭해서 본 수치다. 노출에 강제성이 없다는 점에서 애드뷰와 결정적인 차이를 갖는다.

→ 유튜브 영상 하단에 나타나는 조회수는 애드뷰와 오거닉뷰를 합한 것이다. 짧은 시간에 많은 고객에게 전달되는 메시지를 원한다면 애드뷰 정책을 이용해 목표를 달성할 수 있다.

03 유튜브 광고 상품 6가지

1) 스킵 광고(Trueview Instream)
- 시청자가 유튜브 영상을 볼 때 영상 전후 또는 중간에 재생되는 광고
- 5초간 스킵할 수 없으며, 5초가 지난 후부터 스킵할 수 있다.
- 게재할 수 있는 광고 길이는 제한이 없다.
- 시청자가 30초 이상 시청하지 않고 스킵해버린다면 광고비를 내지 않아도 된다.
- 스킵 광고 평균 성과 추정치
  √CPV(조회당 비용) 30~40원
  √VTR(조회율) 20~30%
  √CTR(클릭률) 0.1~0.2%
  √CPM(1,000회 노출당 비율) 10,000~15,000원

2) 범퍼 광고(Bumper Ad)
- 게재 위치는 스킵 광고와 동일한 영상 시청 전후 또는 중간에 삽입된 광고
- 게재할 수 있는 광고의 길이는 6초 이하이며 6초 동안 스킵할 수 없다.
- 짧고 임팩트 있는 메시지를 통해 고객 인지도를 높여야 하는 광고 집행에 적합하다.
- 통상 신규 브랜드나 신규 상품 론칭 시 인지도 확보를 위해 사용한다.
- 과금은 광고가 노출될 때마다 된다.
- 범퍼 광고 평균 성과 추정치

√CPM(1,000회 노출당 비용) 3,000~4,000원

√CTR(클릭률) 0.05~0.1%

TEST Tip

▶ **어퍼 퍼널(Upper Funnel) 고객: 우리 브랜드와 상품을 이제 막 인지하는 단계**
→ 고객에게 짧고 간결하게 우리 브랜드나 상품을 알려야겠다면, 범퍼 광고로 긍정적인 효과를 기대해 볼 수 있다.

▶ **미드 퍼널(Mid Funnel): 우리 브랜드와 상품을 어느 정도 알고 구매를 고려하는 단계**
→ 고객에게 뭔가를 설명해야 하는 상황이거나 구매 고려, 호감 형성 등이 목적이라면 조금 더 긴 호흡으로 자세한 이야기를 할 수 있는 광고 상품을 고려하는 것이 좋다.

---

3) 트루뷰 디스커버리 광고(Trueview Discovery)

- 유튜브 피드를 넘길 때 피드 중간중간 새치처럼 숨어있는 광고
- 홈피드, 검색 결과, 추천 영상, 영상 시청 페이지 영역 등에 썸네일 형태로 나타난다.
- 트루뷰 디스커버리 광고 평균 성과 추정치

    √CPV(1뷰당 비용) 60~70원

    √VTR(조회율) 1~2%

    √CPM(1,000회 노출당 비용) 500~2,000원

4) 트루뷰 포 액션 광고(Trueview for Action)

- 액션을 유도하는 광고 상품
- 기본적인 광고 형태나 게재 위치는 스킵 광고와 동일하다.
- 광고 종료 후 화면 한 가운데 팝업 형태의 '엔드 카드' 버튼이 생성된다는 점이 가장 큰 특징이다.
- '클릭 유도 문안(CTA)' 및 제목 텍스트 오버레이 등을 함께 사용할 경우 클릭

률을 더 높일 수 있다.
- 로우 퍼널(Low Funnel) : 우리 브랜드와 상품을 잘 알고 있고, 구매하려는 단계에 있는 고객에게 사용하기 적합하다.
- 판매 사이트나 체험 신청 사이트로 연결된다.
- 고객의 구체적인 액션을 이끌 수 있다는 점, 매출과 직접 연결된다는 점은 앞으로 더 많은 마케터가 눈여겨볼 만하다.
- 투자 수익을 측정하기 용이하다.
- 마케터뿐 아니라 경영진에게도 매력적으로 느껴질 광고다.
- 트루뷰 포 액션 광고 평균 성과 추정치
    √CTR(클릭률) 0.3~0.6%
    √VTR(조회율) 10~17%
    √CPV(1뷰당 비용) 50~80원

5) 논스킵 광고(Non-skippable Ad)
- 건너뛸 수 없는 동영상 광고
- 영상 시청 전후 또는 중간에 재생된다.
- 15초 동안 스킵할 수 없고, 게재할 수 있는 광고 영상의 길이 또한 15초 이내로 제한된다.
- 15초 동안 스킵할 수 없어서 유저들에게는 불편함을 줄 수 있다.
- 논스킵 광고를 집행할 때 신중해야 하는 이유다.
- 흥미로운 구성이 어렵거나 브랜드, 슬로건을 반드시 각인해야 할 때 적합하다.
- 신규 브랜드나 신규 상품을 론칭했을 때 인지도를 높이기 위한 목적으로 사용할 수 있다.

6) 마스트 헤드 광고(Masthead Ad)
- 유튜브 홈 화면 최상단에 노출되는 광고 상품

- 목표로 하는 타깃이 유튜브에 접속했을 때 가장 먼저 눈에 띄는 부분에 광고를 노출할 수 있다는 장점이 있다.
- 원하는 타깃에만 광고를 노출할 수 있어서 단기간에 인지도를 높이기 위한 목적으로 사용된다.
- 2021년부터 CPM 방식(1,000회 노출당 과금)으로 바뀌었다.
- 트루뷰 디스커버리 광고와 차이가 크지 않다. 어플리케이션 최초 구동 시 피드의 최상단에 등장하느냐 아니냐, 그리고 클릭 유도 문구가 있느냐 없느냐 정도의 차이가 있을 뿐이다.
- 트루뷰 디스커버리 광고가 훨씬 더 저렴하다.
- 마스트 헤드 광고 평균 성과 추정치
  √ CTR(클릭률): PC 0.2% / Mobile 0.4~0.6%
  √ 과금 방식: CPM(1,000회 노출당 과금, 최소 3,000만 원 집행)

04 유튜브 광고의 타임라인

1) 5초 안에 승부 보기
- 광고 도입부에 말하고 싶은 것을 즉각적으로 드러내는 방식이다.
- 핵심 메시지를 도입부에 배치하는 전략이다(어퍼 퍼널 고객/브랜드 인지 상승).

2) 광고를 1초라도 더 보고 싶게 만들기
- 영상의 클라이맥스를 도입부에 배치하거나, 바로 다음 장면이 엄청 궁금해지게 만들어 짧은 시간 안에 흥미나 호기심을 불러일으키는 장치를 심는 방식이다.
- 호기심을 유발해 5초 이후 광고 시청을 유도하는 전략이다(미드 퍼널 고객/구매 고려 상승).

TEST

1. 다음에 오는 설명으로 잘못된 것은?

① 기업의 마케터가 광고비를 지불해 획득한 조회수를 오거닉뷰(Organic view)라고 한다.

② 애드뷰(Ad view)는 마케터가 유튜브에 광고비를 내고 고객에게 PUSH 형태로 광고를 노출한 뒤 얻는 조회수다.

③ 오거닉뷰는 광고비를 쓰지 않은 상태에서 시청자가 자발적 의지로 광고를 본 조회수를 말한다.

④ 유튜브 영상 하단에 나타나는 조회수는 애드뷰와 오거닉뷰를 합한 것이다.

2. 스킵 광고(Trueview Instream)에 대한 설명으로 옳은 것은?

① 시청자가 30초 이상 시청하지 않아도 클릭하는 순간 광고비를 내야 한다.

② 게재할 수 있는 광고의 길이는 1분 이내로 제한이 있다.

③ 시청자가 유튜브 영상을 볼 때, 영상 전후 또는 중간에 재생되는 광고를 말한다.

④ 스킵 광고 평균 성과 추정치는 CPM 1,000회당 10,000~15,000원이다.

3. 다음에 오는 설명으로 잘못된 것은?

① 범퍼 광고(Bumper Ad)의 게재 위치는 스킵 광고와 동일하다.

② 범퍼 광고는 신규 브랜드나 신규 상품 론칭 시 인지도 확보를 위해 사용한다.

③ 트루뷰 포 액션 광고(Trueview for Action)는 홈피드 검색 결과, 추천 영상, 영상 시청 페이지 영역 등에 썸네일 형태로 나타난다.

④ 트루뷰 포 액션 광고는 광고 종료 후 화면 한 가운데 팝업 형태의 '엔드 카드' 버튼이 생성된다는 점이 가장 큰 특징이다.

4. 다음에 오는 설명으로 올바른 것은?

① 논스킵 광고(Non-skippable Ad)는 유튜브 홈화면 최상단에 노출되는 광고 상품이다.

② 마스트 헤드광고(Masthead Ad)는 논스킵 광고를 집행할 때 훨씬 신중해야 한다.

③ 트루뷰 디스커버리 광고(Truview Discovery)는 판매 사이트나 체험 신청 사이트로 연결된다.

④ 어퍼 퍼널(Upper Funnel) 고객은 우리 브랜드 상품을 이제 막 인지하는 단계에 있는 고객을 말한다.

정답 1. ① 2. ③ 3. ③ 4. ④

05 유튜브 타깃팅 6가지

1) 관심사 타깃팅
- 관심 분야를 기준으로 고객군을 분류하는 것이다.
- 각 유저가 어떤 콘텐츠를 얼마만큼의 시간 동안 시청했는지 그리고 추천 콘텐츠에 어떤 반응을 보였는지에 따라 달라진다.
- 타깃팅은 사람을 기준으로 한다.

> **구글 애즈 고객센터에서 관심 분야 잠재고객을 확인하는 방법**
>
> 도움말 센터 → 광고관리 → 잠재고객에게 광고 게재 → 내 제품 또는 서비스에 관심이 있는 사용자에게 광고 게재 → 잠재고객 타깃팅에 대한 정보 → 관심 분야 잠재고객 → CSV 다운로드

2) 주제 및 게재 위치 타깃팅

종류	분류기준	특징
관심사 타깃팅	사람	- 특정 관심사를 가진 사람에게 광고 노출 - 명확한 타깃군에게 광고 가능
주제 타깃팅	콘텐츠	- 특정 주제의 콘텐츠에 광고 노출 - 잠재고객을 포함한 타깃군에게 광고 가능
게재 위치 타깃팅	콘텐츠	- 특정 유튜브 채널이나 특정 영상에 광고 노출 - 디테일한 타깃팅이 가능하나 노출 가능성이 떨어짐

- 유튜브 콘텐츠들을 특정 주제로 분류해 해당 콘텐츠에 광고를 집행하는 타깃팅 방법이다.
- 타깃팅의 기준이 되는 것은 콘텐츠다.
- 게재 위치 타깃팅은 주제 타깃팅을 조금 더 세분화한 방식이다.
  예) 가수 제니를 모델로 한 광고를 제작했다면, 블랙핑크 유튜브 채널에 광고

를 집행하는 것도 좋은 방법이다. 신규 출시되는 스마트폰을 광고하기 위해서 IT 유튜버나 테크 유튜버 채널에 집중적으로 광고를 하는 것도 좋은 방식이다.
- 게재 위치 타깃팅할 때는 전체 예산 중 일정 비율만 배정해 운영해야 한다.
- 노출 가능한 경우의 수가 매우 적어져 광고 시청이 충분히 이뤄지지 않을 수 있다.

3) 인구 통계 타깃팅
- 기본적으로 나이와 성별에 따른 타깃팅이 가능하다.
- 자녀를 출산했는지? 주택을 보유하고 있는지? 가계 소득이 어느 정도인지 등을 기준으로 타깃팅할 수도 있다.

예) 키즈 교육 상품 출시했을 때 자녀 유무 타깃팅을 통해 맞춤형 광고를 할 수 있다.

구글 애즈 고객센터에서 인구 통계 내역을 확인하는 방법

도움말 센터 → 광고 관리 → 잠재고객에게 광고 게재 → 내 제품 또는 서비스에 관심이 있는 사용자에게 광고 게재 → 잠재고객 타깃팅에 대한 정보 → 상세한 인구 통계 → CSV 다운로드

---

4) 단말 타깃팅
- 고객이 사용하는 핸드폰 단말 종류별로 다르게 광고하는 방법이다.
- 안드로이드 사용 고객, 아이폰 사용 고객으로 나눠 광고를 구별해 노출할 수 있다.
- 각각 별도의 어플리케이션을 다운받아야 하는 캠페인 진행 시 유용하다.
- 고객이 사용하는 핸드폰 단말의 구체적인 기종을 딱 찍어서 타깃팅한다.

예) 갤럭시 S20을 사용하는 고객을 타깃으로 신규 핸드폰 광고를 준비하고 있

을 때 유용하다. 여기에 정교함을 더해 핸드폰 교체 니즈가 가장 큰 18~34세 나이를 중복 타깃팅할 수도 있다. 실제로 이런 타깃팅을 진행한 캠페인에서 광고 재생률이 더 높게 나타났다.

5) 지역 타깃팅

- 고객이 현재 위치한 지역을 기준으로 광고를 노출하는 방법이다.
- PC는 IP 주소를 기반으로 하며 핸드폰은 위치 정보를 활용한다.
- 국내에서는 도시나 광범위한 권역을 타깃으로 정해 광고를 노출할 수 있다.
- 자신의 브랜드가 특정 지역에서 오프라인을 중심으로 판매하고 있다면 위치 타깃팅을 유용하게 사용할 수 있다.
- 각 지역에 특화된 메시지를 보낼 수 있다.
- 지역 타깃팅을 고객 맞춤형 타깃팅으로 활용할 수 있다.

6) 리마케팅

- 내 콘텐츠와 상호작용을 한 고객을 대상으로 다시 광고하는 것을 말한다.
- 유튜브에서는 우리 기업 채널의 영상을 시청한 경험이 있거나 우리 채널과 상호작용 이력이 있는 고객을 타깃으로 한다.
- 좋아요, 댓글, 공유, 구독 등 어떤 방식으로든 우리 채널에 반응을 보인 고객들이다.
- 실제로 해당 고객군을 대상으로 광고 집행을 하면 다른 타깃군 대비 높은 전환율이 나오는 걸 확인할 수 있다.

06 유튜브 마케팅 인사이트

주목받는 콘텐츠에는 이유가 있다

B (Brand)   브랜드를 표현하라!!

- 브랜드의 가치, 비전, 미션을 정의한다.
- 일관된 브랜드 아이덴티티를 유지한다.
- 브랜드와 관련된 일관적인 색상, 로고, 디자인을 사용한다.
- 다양한 플랫폼에서 일관된 브랜드 경험을 제공한다.
- 브랜드 관련 콘텐츠와 메시지를 지속적으로 전달한다.

A (Attract)   집중시켜라!!

- 명확하고 간결한 메시지를 전달한다.
- 시청자의 관심사와 필요에 맞게 콘텐츠를 제작한다.
- 시각적으로 매력적인 디자인을 사용한다.
- 흥미로운 제목과 소제목을 활용한다.
- 상호적인(Interactive) 요소를 추가하여 독자의 참여를 유도한다.

E (Empathy)   공감시켜라!!

- 시청자의 감정과 가치에 공감한다.
- 진정성과 솔직함을 유지한다.
- 이야기나 사례를 통해 공감할 수 있는 상황을 제시한다.
- 대상 시청자와 관련된 문제나 고민을 다룬다.
- 대상 시청자의 피드백을 수용하고 대응한다.

D (Doing) 행동하게 하라!!

- 명확하고 간결한 행동 요청을 제공한다.
- 혜택을 강조하여 행동의 가치를 전달한다.
- 제한된 기간 또는 특별 혜택을 제공하여 긴급성을 조성한다.
- 간편한 가입 또는 구매 절차를 제공한다.
- 신뢰성을 강조하여 시청자의 불안을 해소한다.

07 고객이 스스로 찾아오게 하는 홍보 글 쓰는 법

판매자의 마케팅이 성공하려면 고객의 관점에서 내 상품과 서비스를 봐야 한다. 고객은 딱 한 가지, 그 제품을 구매하고 이용했을 때의 변화에만 주목한다. 그렇기 때문에 고객이 그 상품으로 인해 어떤 변화, 어떤 이익을 얻을 수 있는지를 마케팅의 핵심으로 잡아야 한다.

연습) 고객의 마음을 움직일 홍보 글 작성하기

1) 상품의 장점만 늘어놓은 뻔한 글은 지양해야 한다.
2) 나의 스토리를 담고 있어야 한다.
3) 고객의 걱정을 해결해 줄 수 있는 것, 고객의 궁금증을 풀어줄 수 있는 것, 고객이 직접적으로 얻을 수 있는 이익을 충분히 반영하여 써야 한다.
4) 타사(경쟁사 혹은 경쟁자)의 콘셉트와 홍보 글을 벤치마킹하여 우리 회사만의 홍보 글을 만드는 것은 좋으나, 고객이 봐도 똑같이 느껴질 정도로 모방을 하게 되면 오히려 반감을 살 수 있다.
5) 나만의 차별화와 분명한 콘셉트가 있어야 한다.
6) 요즘은 정보를 주는 콘텐츠 글이나 홍보 글에서도 재미와 유익함을 주어야 고객에게 최고의 반응을 끌어낼 수 있다.

08 유튜브 클릭을 유도하는 제목/썸네일 문구 참고하기

▶ 채널: 혜님의 꿈비TV 예시

1) 월드컵 축구 선수 랭킹 TOP 5 인스타그램 엿보기
2) 월 1,000만 원 무자본 창업가가 되려면? 4분부터가 액기스
3) 인스타그램 인기 게시물에 대한 거짓 정보 절대 믿지 마세요!
4) 인스타그램 마케팅 팔로워 5일 500명 확보하기
5) 1시간 강의에 8억을 버는 사나이의 판매 마케팅 핵심

▶ 채널: 김미경TV 예시

1) 돈 안 들이고 내 미래를 직접 보는 방법은?
2) 뒤에서 나를 험담하는 사람 상대하는 법
3) 자식들이 나를 무시한다는 생각이 들 때
4) 내 꿈을 반대하는 엄마를 사랑하는 법
5) 돈을 벌고 싶다면 반드시 필요한 한 가지
6) 입사 5년 안에 반드시 해야 할 일
7) 품위 지키면서 만만해 보이지 않으려면?
8) 꿈 하나만 믿고 외국에서 먹고 살 수 있을까?
9) 자녀와 평생 사이좋게 지내려면?
10) 주부들이 유튜브로 돈 벌 수 있는 10가지 방법
11) 하면 할수록 자존감 높아지는 3가지 대화법
12) 성공한 사람들이 쓰는 특별한 인간관계 기술은?
13) 꿈이 세팅되기 전, 인생에 남자를 들이지 마라
14) 혼자 벌어도 맞벌이 효과 내는 3가지 재테크 비결은?
15) 한때 친했던 사람과 관계가 꼬여버렸을 때
16) 굶지 않고 살 빼는 3가지 방법
17) 20분 만에 봄 망사 스커트 만들기

18) 결혼할 남자를 고를 때 봐야 할 3가지 포인트
19) 10억 빚더미에서 매출 5천억 유럽의 CEO가 된 여자
20) 50대가 정말 두 번째 청춘인 이유
21) 50대 남자들이 제일 불쌍하게 사는 이유
22) 다이어트할 때 꼭 필요한 3가지 독!?
23) 아이를 가질까? 말까?
24) 옆집이 아닌 내 아이만 보아라
25) 직장으로 돌아갈까요? 아이를 키울까요?
26) 스피치 달인이 되는 7가지 법칙
27) 단돈 천 원으로 귀걸이 만들기!
28) 좋은 남자와 헤어지지 않으려면?
29) 삼수하는 딸에게 해준 말
30) 직장의 못된 인간 처리법
31) 일상에서 120% 힘내는 법
32) 혜민 스님에게 배우는 '대화의 기술'
33) 사춘기 아이의 특징 3가지
34) 아이는 나를 닮지 않아야 정상
35) 흔들리는 30대를 위한 언니의 독설

▶ 응용하기 쉬운 제목 템플릿

1) 이게 가능하다니 3일 동안 아기 피부 되는 방법
2) ▨▨▨▨▨에게 100만 원어치 옷 사주기!?
3) 전 남친과 이별 후, 7년 만에 밝혀지는 진실
4) ▨▨▨▨▨(으)로 한 달에 ▨▨▨▨▨을 벌었다! 레전드 스토리 공개
5) 오직 자신만의 힘으로 성공한 ▨▨▨▨▨들, 그들이 사는 세상
6) 절세미인, ▨▨▨▨▨보다 이쁜 게스트 섭외?!

7) 여자가 받고 싶은 선물 TOP 5 + 매력적인 사람이 되는 Tip

8) ▮▮▮▮▮▮▮▮ 하는 지름길

9) ▮▮▮▮▮▮▮▮ 을 10배 올리는 ▮▮▮▮▮▮▮▮ 의 모든 것!

10) 매출 30배의 비밀

11) ▮▮▮▮▮▮▮▮ 들을 상대하는 방법

12) 〈직업〉 매출 & 수익 공개

13) ▮▮▮▮▮▮▮▮ 하는 ▮▮▮▮▮▮ 의 특징

14) ▮▮▮▮▮▮▮▮ 때문에 ▮▮▮▮▮▮ 한 사연

15) ▮▮▮▮▮▮▮▮ 한, ▮▮▮▮▮▮ 어떡하죠?

16) ▮▮▮▮▮▮▮▮ 하면 ▮▮▮▮▮▮ 할 수 있을까?

17) 불과 ▮▮▮▮▮▮ 만에 ▮▮▮▮▮▮ 달성할 수 있는 비결

18) ▮▮▮▮▮▮▮▮ 에 관한 흔한 오해 vs 진실

19) 내가 돈을 버는 7가지 방법

20) ▮▮▮▮▮▮▮▮ 을 극복하는 〈숫자〉 방법

21) ▮▮▮▮▮▮▮▮ 하면서 돈 버는 방법!

22) ▮▮▮▮▮▮▮▮ 의 5가지 원인과 해결책

23) ▮▮▮▮▮▮▮▮ 하다고 느껴질 때

24) 100억 부자가 알려주는 ▮▮▮▮▮▮ 투자 팁!

25) 진짜 하고 싶은 것을 찾는 방법

26) 프로가 알려주는 〈이득〉을 위한 확실한 조언

27) 운명을 바꾸는 3가지 방법

28) 6개월 내로 ▮▮▮▮▮▮ 처럼 ▮▮▮▮▮▮ 하는 비법

29) ▮▮▮▮▮▮▮▮ vs ▮▮▮▮▮▮ 의 4가지 차이

30) 종잣돈이 ▮▮▮▮▮▮ 이 ▮▮▮▮▮▮ 후 〈금액〉이 되다

31) ▮▮▮▮▮▮▮▮ 해야 성공한다

32) ▮▮▮▮▮▮▮▮ 을 얻기 위한 확실한 방법, 그리고 전략

33) ▮▮▮▮▮▮ 만에 ▮▮▮▮▮▮ 을 벌고 ▮▮▮▮▮▮ 만에

다 날리다

34) 지금 당장 ▒▒▒▒▒▒▒하는 5가지 방법

35) ▒▒▒▒▒▒면 이것부터 하세요

36) ▒▒▒▒▒▒하면 누릴 수 있는 3가지 혜택

37) ▒▒▒▒▒▒대에 꼭 해봐야 할 3가지

38) ▒▒▒▒▒▒을 끌어당기는 마법의 주문 ▒▒▒▒▒▒가지

39) ▒▒▒▒▒▒을 치유하는 마법의 주문 7가지

40) 빠르게 ▒▒▒▒▒▒을 얻는 방법은 여기에!!

41) ▒▒▒▒▒▒하기 좋은 ▒▒▒▒▒▒ TOP 7

42) 최초 고백! 사실 저의 치부는 바로…!

43) 세상에서 제일 비싼 ▒▒▒▒짜리〈상품/서비스〉를 썼는데〈효과〉가…

44) ▒▒▒▒▒▒하면 1회 만에〈효과〉할까?

04 콘텐츠 마케팅에 대한 이해

01 콘텐츠의 개념

- 온라인과 오프라인에서 모두 통용되는 단어다.
- 글자, 정보, 영상 또는 비디오, 사진 같은 다양한 모든 부분에서 발생하는 '지적재산권'을 말한다.

02 콘텐츠의 핵심 원리 3가지

1) 내 콘텐츠를 보는 독자(오디언스)를 철저히 의식하는 콘텐츠
- 경쟁 속에서 선택(클릭)을 받아야 한다.
- 명료하고 소화가 잘되는 포맷과 결을 가진 콘텐츠
- 독자를 향한 친절함을 가진 콘텐츠+쌍방향 소통
- 그동안의 맥락이 파악되기에 미래에도 기대되는 콘텐츠

2) 내 콘텐츠가 올라가는 플랫폼의 알고리즘을 의식하는 콘텐츠
- 처음 채널을 개설하면 알고리즘으로 나에 대한 파악을 시작한다.
- 임계치를 넘기는 운영을 꾸준히 해야 '떡상'하면서 채널이 성장한다.
- 알고리즘에 '어떤 주제의 크리에이터인지 정보를 줄 것' → 키워드
- 알고리즘에 소통하는 크리에이터, 즉 '사람'임을 인식시킬 것

3) 일정한 주기로 꾸준하게, 끊어짐 없이 발행되는 콘텐츠

03 성장하는 콘텐츠가 되기 위한 조건

재미+정보+교훈 → 저장, 공유 → 채널 성장

04 저장이 많아질 수밖에 없는 콘텐츠들의 특징

- 의사결정을 위한 정보를 수집하는 데 있어서 도움이 되는 콘텐츠
- 양질의 콘텐츠를 체에 거르듯 큐레이션 가공이 들어간 콘텐츠
- 그동안의 경험과 지식을 잘 정리해서 정보성 콘텐츠로 제시하는 경우
- 그대로 따라 해 보고 싶은 벤치마킹 대상으로 가치 있는 콘텐츠

05 유튜브 콘텐츠의 3요소

1) 메인 콘텐츠(심벌 콘텐츠)
- 자신의 주된 메시지를 전달하는 주요 콘텐츠
- 본인의 사업이나 강점과 연계해 주제가 잘 드러날 수 있어야 하며, 장기적인

호흡으로 접근할 수 있는 주제여야 한다.
- 메인 콘텐츠의 비중이 가장 높아야 한다.

2) 서브 콘텐츠
- 트렌드에 부합하는 콘텐츠
- 요즘 유행하는 트렌드를 분석해 검색량이 많은 주제로 만든 동영상이다.
- 대중적인 트렌드를 무작정 따라 하지 말고 자신만의 색깔을 녹여낼 수 있는 주제만 선별해 활용해야 한다.

3) 히로 콘텐츠
- 신선하고 혁신적인 콘텐츠
- 이전까지는 사용하지 않았던 새로운 동영상 제작 방식을 활용하거나 다방면의 신선한 소재를 주제로 삼는다.
- 새로운 시청자를 확보하기 위한 기획 콘텐츠다.
- 대부분 시간과 비용이 많이 들고 너무 남발하면 피로도가 커질 수 있어 메인 콘텐츠와 서브 콘텐츠보다는 적은 비율로 제작하는 게 좋다.

06 인기 있는 유튜브 콘텐츠

1) 뷰티 및 패션: 화장 및 헤어 스타일링 팁, 쇼핑 추천, 의류 및 액세서리 리뷰 등
2) 게임: 게임 플레이, 해설 및 리뷰, 실시간 스트리밍 등
3) 음악: 커버 곡, 원곡과 비교, 가사 해석, 음악 프로듀싱 등
4) 요리와 음식: 레시피 공유, 요리 방법, 음식 리뷰 등
5) 팬덤: 드라마, 영화, 책 등 인기 작품 해석, 캐릭터 분석, 스토리 이론 등
6) 운동과 건강: 운동 루틴, 다이어트 팁, 건강 관리 방법, 운동 장비 리뷰 등
7) 여행과 문화: 여행 일지, 관광지 소개, 문화 체험, 음식 여행 등

8) 머니와 비즈니스: 투자 방법, 부동산 정보, 사업 아이디어, 재무 관리 등
9) 테크놀로지와 가전제품: 최신 기기 리뷰, 앱 소개, 테크놀로지 관련 뉴스 등
10) 유머: 웃긴 영상, 개그, 연예인 장난 등

☑ 그 외 다양한 스타일의 유튜브 콘텐츠가 있으며, 인기는 시간에 따라 변화할 수 있다.

07 콘텐츠 선정 시 주의 사항

- 자신이 좋아하는 것, 잘할 수 있는 것을 생각한다.
- 전달하고자 하는 타깃을 정한다.
- The best가 되기보다 The only one이 되도록 한다.

08 네이버에 나의 콘텐츠를 상위 노출하는 방법

블로그 상위 노출을 위해서는 특정 관심사에 대해 깊이 있는 콘텐츠를 지속적으로 생산해 내면서 동시에 경험과 정보를 양질의 콘텐츠로 담아 사람들에게 도움을 주고, 그들의 반응을 끌어낼 수 있어야 한다.

09 콘텐츠 빅 5 키워드 (모바일 콘텐츠 회사 네오터치 포인트 김경달 대표/2018)

- 상호작용성(Interactivity): 사용자들의 공감을 얻고 활발한 소통이 가능할 것
- 커뮤니티(Community): 공통의 관심사를 가진 사용자들을 모아 커뮤니티를 구성할 것
- 검색가능성(Searchability): 즉시 검색될 수 있도록 할 것

- 일관성과 지속성(Consistency & Durability): 지속적인 업로드를 소홀히 하지 않을 것
- 협업(Collaboration): 인플루언서, 크리에이터들과의 협업을 적극 추진할 것

10 콘텐츠 마케팅의 개념

수익성 있는 고객의 행동을 유발할 목적으로 타깃 오디언스를 끌어들이고(Attract), 획득하고(Acquire), 몰입하게(Engage) 만드는 관련 있고(Relevant), 가치 있는 콘텐츠를 창출하고(Creating) 유통하는(Distributing) 마케팅 기법이다.

> ☑ **유튜브가 대세로 떠오른 이유**
> - 텍스트로 된 콘텐츠보다 직접 눈으로 볼 수 있는 이미지와 동영상을 더 선호하는 시대 → 유튜브 시장은 빠르게 성장하고 있다.
> - 수많은 유튜버가 이용자들의 입맛에 맞게 다양한 니즈를 충족시켜 주고 있다(눈으로 보고 즐기는 플랫폼이기 때문에 재미가 있고, 내가 지금 당장 하지 못하는 어떤 욕구를 유튜버들이 대신 해소해 준다).
> - 유튜브는 검색 엔진의 역할도 충실히 잘 해내고 있다.
> - 채널을 잘 운영하기만 하면 세계 최대 검색 엔진인 구글에 노출될 확률이 높아진다.

11 콘텐츠 마케팅의 이점(Salesforce marketing cloud (2008))

- 관계(Relationship) 강화
- 평판(Reputation)
- 트래픽 증대 → SEO 랭킹, 링크, 소셜쉐어
- 교육 & 강화(재방문 고객을 브랜드 대사로 고객 서비스 불만이 감소)

- 유망고객(Prospects)과의 몰입 기회가 주어짐〈The A Group(2013)〉
- 신뢰(Trust)
- 전문가(Expert)로 포지셔닝함
- 기업에 대한 지식을 전달함
- 공유성

TEST

1. 유튜브에서 인기를 얻고 많은 사용자의 호응을 끌어내는 콘텐츠 빅 5 키워드에 대한 설명으로 옳은 것은?

① 상호작용성: 인플루언서와 크리에이터들과의 협업을 말한다.

② 검색가능성: 즉시 검색될 수 있도록 한다.

③ 협업: 사용자들의 공감을 얻고 활발한 소통이 가능하도록 한다.

④ 커뮤니티: 지속적인 업로드를 소홀히 하지 않아야 한다.

2. 유튜브 콘텐츠 선정 시 주의 사항이 아닌 것은?

① 자신이 좋아하는 것을 찾는다.

② 자신이 잘할 수 있는 것을 찾는다.

③ 전달하고자 하는 대상을 넓게 잡는다.

④ 유일무이한 콘텐츠를 찾는다.

정답 1. ② 2. ③

"지금 내가 겪고 있는 어려움과 시련은
달달한 열매를 얻기 위한 과정일 뿐이다."

— 조안쌤 책 《괜찮아, 충분히 잘하고 있어》 중에서

3장

유튜브 스피치 편

01 스피치 기법

01 자신만의 언어로 말하라

- 아무것도 아닌 것에 의미를 부여하면 나만의 이야기가 된다.
- 공감으로 상대와의 주파수를 맞춘다.
- 자신의 에피소드를 적극적으로 활용한다.
- 사투리도 나의 경쟁력이다.

02 언어의 전달력을 높여라

- 발음을 명확하게 하도록 소리 내 낭독하는 훈련을 끊임없이 한다.
- 강약 조절을 위해 핵심이 되는 부분에 악센트를 준다.
- 숨을 들이쉬고 내쉬어야 할 부분을 체크하며 호흡 조절을 한다.
- 지나치게 빠른 속도는 시청자의 채널 이탈을 유발하므로 속도 조절을 해야

한다. 1분에 300음절, 10문장 내외가 이상적이다.

> [아래 문장을 보고 큰소리 내어 읽어 보자.]
>
> 자기 확언이란 내 신념에 대한 긍정적인 자기 암시를 말한다. 이것은 목표 달성을 위한 일종의 포괄적 계획이고, 내가 그것을 이룬다는 내적 신념을 구축하는 일이다. 다시 말해 "내가 원하는 것은 ○○○이며, 이것을 반드시 해내고야 말겠다"라는 일종의 선언이다.
> — 조안쌤 《유튜브로 당신의 삶을 리디자인하라》 중에서

03 시청자를 제압할 수 있는 논리적인 스피치를 구성하라

■ IME 법칙을 기억하라.

- I(Introing)
  스피치를 시작하는 단계로, 어떤 내용을 가지고 말할 것인지에 대한 기대를 하게 하는 부분이다.
- M(Main storytelling)
  내가 전하고자 하는 이야기의 주제를 가장 잘 전달해야 하는 단계다. 시청자에게 공감을 끌어들일 수 있는 이야기로 자신의 경험담을 섞어 풀어간다.
- E(Ending)
  마무리 단계인 엔딩은 인트로만큼 중요하다. 시청자에게 나의 메시지를 다시 한번 정리해 전달하면서 조금 더 기억되게 할 수 있다.

02 활용하기 좋은 주제별 명언

01 인생

- 뜻이 서지 않으면 만사가 성공하지 못한다. - 율곡 이이
- 피할 수 없으면 즐겨라. - 로버트 엘리엇
- 영원히 살 것처럼 꿈꾸고, 오늘 죽을 것처럼 살아라. - 제임스 딘
- 자신이 생각하기에 따라 인생은 달라진다. - 마르쿠스 아우렐리우스

02 성공

- 성공은 열심히 노력하며 기다리는 사람에게 찾아온다. - 토머스 에디슨
- 용기 있고 슬기로운 사람 앞에는 역경 따위가 없다. - 만해 한용운
- 승리하면 조금 배울 수 있고, 패배하면 모든 것을 배울 수 있다.

  - 크리스티 매튜슨

03 노력

- 사람을 강하게 만드는 것은 사람이 하는 일이 아니라, 하고자 노력하는 것이다.
  - 어니스트 헤밍웨이
- 하나의 작은 꽃을 만드는 데도 오랜 세월의 노력이 필요하다. - W. 블레이크
- 한 번의 실패와 영원한 실패를 혼동하지 마라. - F. 스콧 피츠제럴드
- 할 수 있는 일이라면 기꺼이 하고, 견뎌야 하는 일이라면 기꺼이 견뎌내라.
  - 아르투어 쇼펜하우어

04 도전

- 믿음이 부족하기 때문에 도전하길 두려워하는바, 나는 스스로를 믿는다.
  - 무하마드 알리
- 시작이 반이다. - 아리스토텔레스
- 1퍼센트의 가능성 그것이 나의 길이다. - 나폴레옹
- 나는 아주 작은 것부터 시작할 것이다. - 빈센트 반 고흐

05 꿈과 희망

- 낮에 꿈꾸는 사람은 밤에만 꿈꾸는 사람에게는 찾아오지 않는 많은 것을 알고 있다. - 에드거 앨런 포
- 꿈을 계속 간직하고 있으면 반드시 실현할 때가 온다. - 괴테
- 위대한 성취를 하려면 행동하는 것뿐만 아니라, 꿈꾸는 것도 반드시 필요하다.
  - 아나톨 프랑스
- 자신감 있는 표정을 지으면 자신감이 생긴다. - 찰스 다윈

06 리더십

- 당신의 행동이 다른 사람들에게 꿈을 꾸게 하고, 더 배우려고 하고, 더 행동하고 싶다면, 당신은 리더다. - 존 퀸시 애덤스
- 가장 효과적인 리더십은 명령에 의해서가 아니라 모범을 보임으로써 만들어진다. - 헬렌 켈러
- 훌륭한 리더십은 평범한 이들에게 뛰어난 사람들이 일하는 방식을 보여주는 것이다. - 존 D. 록펠러
- 앞날을 결정짓고자 하면 옛것을 공부하라. - 공자

07 관계

- 남을 너그럽게 받아들이는 사람은 항상 사람들의 마음을 얻게 되고, 위엄과 무력으로 엄하게 다스리는 자는 항상 사람들의 노여움을 사게 된다. - 세종대왕
- 살아 있는 동안 사람의 겉모습만 보고 판단하지 않도록 조심하라. - 장 드 라 퐁텐
- 가는 사람 붙잡지 말고 오는 사람 막지 말라. - 맹자
- 사랑은 사람들을 치료한다. - 칼 메닝거

08 시간

- 사람은 금전을 시간보다 중히 여기지만, 그로 인해 잃어버린 시간은 금전으로는 살 수 없다. - 유대 격언
- 변명 중에서도 가장 어리석고 못난 변명은 '시간이 없어서'라는 변명이다.
  - 토머스 에디슨
- 시간을 단축시키는 것은 활동이요, 시간을 견디지 못하게 하는 것은 안일함

이다. - 괴테
- 오늘이라는 날은 두 번 다시 오지 않는 것을 잊지 말아야 한다. - 단테

09 지혜

- 분별이 부족한 곳에는 모든 것이 부족하다. - 벤자민 프랭클린
- 모든 미덕은 올바른 행위를 통해 요약되어 나타난다. - 아리스토텔레스
- 지혜는 연륜이 아닌 능력으로 얻어진다. - 플라우투스
- 어리석은 사람은 자기가 현명하다고 생각하지만, 현명한 사람은 자기가 어리석다는 것을 안다. - 윌리엄 셰익스피어

10 공부

- 제자가 계속 제자로만 남는다면 스승에 대한 고약한 보답이다. - 니체
- 정직과 미덕의 샘이자 근원은 훌륭한 교육에 있다. - 플루타르코스
- 배우나 생각하지 않으면 공허하고, 생각하나 배우지 않으면 위험하다. - 공자
- 지식보다 중요한 것은 상상력이다. - 알베르트 아인슈타인

부록

기출 문제

기출 문제 정답과 해설

기출 문제

01 카드 기능에 대한 설명으로 바르지 않은 것은?

① 동영상 시청자에게 다른 동영상이나 재생목록, 또는 사이트로 가는 링크로 유도할 수 있는 기능이다.

② 팝업이 표시되는 타이밍은 직접 설정할 수 없다.

③ 카드 기능은 하나의 동영상에 5개까지 설정할 수 있다.

④ 유도하고자 하는 링크나 동영상을 동영상 안에 팝업으로 표시하도록 하는 기능을 말한다.

02 유튜브를 해야 하는 이유로 적절치 않는 것은?

① 유튜브는 퍼스널 브랜딩의 최고봉이다.

② 유튜브를 하다 보면 나의 취약한 점에 집중할 수 있다.

③ 유튜브는 노후를 위한 보험이 될 수 있다.

④ 유튜브는 나의 충실한 포트폴리오가 된다.

03 유튜브에 대한 설명으로 잘못된 것은?

① 유튜브 계정은 본인 계정과 비즈니스 관리 계정이 있다.

② 브랜드 채널에는 '관리자 추가' 기능이 있다.

③ 브랜드 채널은 100개까지 만들 수 있다.

④ 채널 아트에는 채널의 정체성이 표현되어져야 한다.

03 다음 괄호 안에 알맞은 말을 넣어라.

> 파일 종류를 구별하기 위하여 파일명의 마침표 뒤에 붙이는 문자를 (　　　)라고 한다.

① 기획자　　　　　② 작성자
③ 확장자　　　　　④ 분담자

05 썸네일을 만들 때 주의해야 할 사항으로 잘못된 것은?
① 썸네일의 제목을 지을 때 조회수를 늘리기 위해 영상 내용과 상관없는 제목을 사용하면 어그로를 끌 수 있어서 지수에 악영향을 미친다.
② 똑같은 이미지를 사용하고자 할 때 텍스트는 다르게 적어야 한다.
③ 썸네일에 채널명을 넣는 게 좋다.
④ 롱폼이든 숏폼이든 썸네일을 굳이 넣지 않아도 된다.

06 다음과 같은 타인의 동영상을 다운받으려고 한다. 알맞은 형태로 바꾼 것은?

> https://www.youtube.com/watch?v=9s4JMJioqPg

① sshttps://www.youtube.com/watch?v=9s4JMJioqPg
② https://sswww.youtube.com/watch?v=9s4JMJioqPg
③ https://www.ssyoutube.com/watch?v=9s4JMJioqPg
④ https://www.youtube.com/watch?v=9s4JMJioqPg

07 피드에서 주목받을 수 있는 법칙으로 잘못된 것은?

① 유튜브 환경에서 잘 보이는 컬러, 대비를 적절하게 이용한다.

② 명확한 표현보다는 추상적인 표현을 사용해야만 한다.

③ 흥미로운 상황, 수치 등의 명확한 표현과 메시지를 버무린다.

④ 추상적인 표현보다는 명확한 표현을 사용하는 것이 좋다.

08 유튜브 반응도의 지수에 영향을 미치지 않는 것은?

① CTR　　　　　　　　　② 구독

③ 영상 추가 시청　　　　　④ 광고 시청 시간

09 유튜브 썸네일에 대한 설명으로 옳지 않은 것은?

① 썸네일이 피드에서 보여지는 시간은 2~3초 정도다.

② 썸네일에 사용되는 사진은 영상 내용과 무관해도 상관없다.

③ 썸네일 제목에 '~하는 방법', 숫자를 사용하게 되면 시청자들의 클릭 욕구를 더 증가시킨다.

④ 썸네일의 글자는 크고 진하게 적는다.

10 다음에 해당되는 내용은 무엇에 관한 설명인가?

> - 자신을 브랜드화하여 특정 분야에 대해서 먼저 떠올릴 수 있도록 만드는 과정
> - 특정 분야에서 차별화되는 나만의 가치를 높여서 인정받게끔 하는 과정

① 퍼스널 브랜딩(Personal branding)

② 이미지 메이킹(Image making)

③ 콜 투 액션(Call to action)

④ 브랜드 크리에이팅(Brand creating)

11 유튜브 업로드 시 고려해야 할 사항으로 잘못된 것은?

① 웹사이트 링크를 노출하는 방법은 설명 영역에 링크 URL 주소, 동영상 안에 링크를 넣는다.

② 유튜브는 동영상을 공유하는 곳이지 상품이나 서비스를 직접적으로 판매하는 곳은 아니다.

③ 동영상의 최종목표는 Call to action임을 기억한다.

④ 유튜브를 통해 자사 홈페이지, SNS, 블로그로 방문을 유도할 수는 없다.

12 크리에이터로서 가져야 할 마인드셋으로 바르지 않은 것은?

① 새로운 도전은 시청자들이 불편해하므로 하지 않는 게 좋다.

② 콘텐츠로 인해 생겨나는 연결에 집중한다.

③ 내가 가진 강점을 살릴 수 있도록 노력한다.

④ 내가 지닌 스토리를 통해 세상과 소통할 수 있어야 한다.

13 저작권에 관한 설명으로 잘못된 것은?

① 모든 창작자에게 그 창작물을 지키고 보호할 권한을 주는 것을 말한다.

② '저작권법 30조'에 의하여 사적 이용을 위한 목적으로 복제 시 허용된다.

③ '저작권법 제5조'에 의하여 2차적 저작물은 허용된다.

④ 저작권법 위배시 3천만의 벌금이나 3년 이상의 징역형에 처할 수 있다.

14 채널에 대한 설명으로 바른 것은?

① 브랜드 채널은 20개까지 만들 수 있다.

② 브랜드 채널은 채널명을 무한정 변경할 수 있다.

③ 일반 채널은 개인 정보가 노출될 수 있는 위험이 많다.

④ 일반 채널은 관리자 기능을 추가할 수 있다.

15 유튜브가 동영상 마케팅에 최적인 이유로 옳은 것은?

① 글로벌 20억 명, 국내 3천만 명에 달하는 이용자를 보유한 세계 최대 동영상 공유 사이트다.
② 누구나 쉽고 간편하게 유료로 이용할 수 있다.
③ 정부에서 서버 운영 비용을 지원해 준다.
④ 다수 이용자로 인해 검색 결과에 콘텐츠를 노출하기 어렵다.

16 다음 설명에 해당되는 말은?

> - 영상 콘텐츠를 접한 다양한 사람들의 여러 가지 반응을 말한다.
> - 유튜브 알고리즘이 콘텐츠의 질을 판정하는데 기준이 된다.

① SEO
② 반응도
③ 유튜브 AI
④ 빅데이터

17 '키워드(Keyword)'에 대한 설명으로 바르지 못한 것은?

① 시청자의 유입을 끌어내기 위한 핵심 단어를 뜻한다.
② 시청자가 데이터를 검색할 때 사용하는 단어나 기호, 이미지, 비디오 등을 일컫는다.
③ 좋은 키워드를 리서치하는 이유는 좋은 키워드를 찾아 콘텐츠 제작이나 검색엔진 최적화, 키워드 마케팅 등의 마케팅 전략에 사용하기 위해서다.
④ 유튜브에는 키워드를 30개까지 넣을 수 있다.

18 마케팅을 할 때 '스토리텔링'이 필요한 이유는?

① 사실에 기초한 이야기를 재미있게 해설함으로써 고객에게 감동을 주는 마케팅 기법을 활용할 수 있어서다.

② 허구적인 것을 사실인 것처럼 효과적으로 전달할 수 있기 때문이다.

③ 건조한 이야기를 재미있게 풀어갈 수 있어서다.

④ 짧은 시간을 투자하여 판매율을 올릴 수 있어서다.

19 다음 설명으로 옳지 않은 것은?

① PNG, JPEG는 이미지 사진, MP3는 동영상, MP4는 오디오를 뜻한다.

② 썸네일을 제작할 수 있는 도구로는 미리캔버스, 캔바, 망고보드, 키네마스터 등이 있다.

③ 썸네일 넣기, 실시간 스트리밍, 15분 이상의 장편 영상 업로드는 계정 인증을 해야만 활용할 수 있는 기능들이다.

④ 매직 리무브는 뒷배경을 지울 수 있는 도구다.

20 다음은 무엇에 관한 설명인가?

> 유튜브(   )은 유튜브에 업로드하는 동영상에 사용하는 BGM이나 효과음을 무료로 제공받을 수 있는 곳이다.

① 오디오 보관함   ② 동영상 관리
③ 채널 맞춤 설정   ④ 채널 분석

21 유튜브는 건전한 채널 문화를 만들기 위해 일방적으로 채널을 한꺼번에 삭제하기도 한다. 이에 대한 보완책으로 맞는 것을 모두 고른다면?

> 가. 구글 계정 하나당 유튜브 계정 하나를 만드는 것이 가장 안전하다.
> 나. 3개 이상의 채널을 가지는 것이 좋다.
> 다. 여러 개의 채널을 만들어서 리스크를 분산하는 것이 좋다.
> 라. 유튜브 방침(스팸, 현혹행위, 사기)을 확실하게 준수해야 한다.

① 가, 나, 다, 라
② 가
③ 가, 나
④ 가, 나, 다

22 '영상 촬영 기법'에 관한 설명으로 바르지 않은 것은?
① 피사체와 카메라가 이루는 각도를 앵글(Angle)이라고 한다.
② 수평 앵글은 기본적인 앵글로 가정 안정적인 화면을 제공한다.
③ 로우 앵글(Low angle)은 인물의 무력감을 표현하고자 할 때 효과적이다.
④ 하이 앵글(High angle)은 피사체를 위에서 내려다본 각도로 촬영한다.

23 유튜브에 관한 설명으로 옳지 않는 것은?
① 카드와 종료화면 기능을 통해 시청 시간을 늘릴 수 있다.
② '퍼가기 허용'이라는 기능을 잠그면 해당 영상의 공유가 차단된다.
③ 다중 송출 기능이 가능한 '프리즘 라이브'라는 도구를 통해서도 실시간 스트리밍이 가능하다.
④ '저작권'이라는 제한사항 발생 시 채널 성장에 악영향을 미칠 수 있다.

24 채널 분석에 대한 설명으로 바르지 않은 것은?

① 내 채널 → 동영상 관리에 들어가면 채널 분석을 할 수 있다.

② 지난 7일간 채널의 조회수, 평균 조회율 등을 확인할 수 있다.

③ 전체 노출 수, 노출 클릭률, 순 시청자 수, 트래픽 소스의 유형 등의 도달 범위를 알 수 있다.

④ 재방문 시청자, 시청자 증가를 유도한 동영상, 구독자 시청 시간, 나이 및 성별, 영상을 많이 본 지역, 내 시청자가 시청하는 다른 채널 및 다른 동영상을 알 수 있다.

25 유튜브에 관한 설명으로 잘못된 것은?

① 유튜브는 동영상을 업로드하고 공유할 수 있는 플랫폼이다.

② 유튜브는 긴 영상을 업로드할 수 있는 롱폼과 짧은 영상을 업로드할 수 있는 숏폼으로 구성되어 있다.

③ 유튜브 쇼츠는 90초 이내의 영상을 만들어야 하고, 화면 비율은 반드시 세로로 해야 한다.

④ 구독자 1,000명과 시청 시간 4,000시간을 만족하면 애드센스 수익 활동을 할 수 있다.

26 유튜브 SEO를 위한 기본 요령으로 옳지 않은 것은?

① 제목과 설명 추가란에 키워드를 넣는다.

② 단순 조회수보다 시청 지속 시간이 더 중요하므로 평균 시청 시간을 늘일 수 있는 방안을 연구한다.

③ 구독자의 유입 경로와 시청 패턴을 분석하기 위해 유튜브 에널리틱스를 활용한다.

④ 유튜브에 사용될 수 있는 태그 키워드는 모두 15개다.

27 다음은 무엇에 대한 설명인가?

> • 이것은 특정한 1초마다 처리하는 비트 수를 말한다.
> • 이것이 높을수록 동영상은 더 많은 정보를 가지게 되므로 화질은 더 좋아지게 된다.

① 픽셀　　　　　　　　② 프레임
③ 레이어　　　　　　　④ 비트레이트

28 유튜브 썸네일에 관한 설명으로 잘못된 것은?
① 유튜브 썸네일은 불특정 다수에게 후킹할 수 있어야 하므로 호기심을 자극할 수 있는 제목을 잡으면 유효하다.
② 유튜브 썸네일용 사진을 따로 촬영하는 것도 하나의 전략이 될 수 있다.
③ 유튜브 썸네일은 어그로를 끌어야 하므로 과장되게 만들수록 좋다.
④ 시리즈용으로 업로드되는 썸네일은 동일성을 표현하는 것도 하나의 방법이 될 수 있다.

29 다음에 오는 내용으로 바르지 않은 것은?
① 롱폼은 가로비율만 업로드할 수 있다.
② 숏폼은 세로 비율만 사용한다.
③ 숏폼은 비교적 노출이 잘 되는 편이라서 초보 유튜버들에게 유리하다.
④ 숏폼 크리에이터들은 구독자 1,000명과 1,000만 뷰 요건을 충족 시 유튜브 파트너가 될 수 있다.

30 다음 괄호 안에 알맞은 말은?

> 고객에게 가치 있는 상품을 창출, 교환하여 조직의 목표를 충족시키는 과정을 (　　　)이라 한다.

① 마케팅　　　　② 브랜딩
③ 벤치마킹　　　④ 브랜드 포지셔닝

31 대한민국 파워 유튜버들의 특징으로 옳지 않은 것은?
① 직관적인 콘텐츠를 가지고 있다.
② 뛰어난 공감 능력을 가지고 있다.
③ 글로벌 시장 대상 등으로 분석된다.
④ 지적 능력이 우수하다.

32 '포스트 코로나' 시대에 각광받고 있는 직업으로 어울리지 않는 것은?
① 제조산업
② 지식산업
③ 제휴
④ 스몰비지니스

33 '포스트 코로나19'로 달라진 사회적 변화로 옳은 것은?
① 4차 산업혁명은 코로나19 사태가 종료되면 완만한 속도를 유지한다.
② 인류의 생활 공간은 오프라인(Off line)을 계속 유지한다.
③ 인스타그램, 블로그, 페이스북의 지배력이 강화된다.
④ 인류의 패턴이 디지털 플랫폼으로만 옮겨간다.

34 MCN(Multi Channel Network)에 대한 설명으로 잘못된 것은?

① 페이스북, 유튜브 스타들의 기획사를 말한다.

② 수익 활동을 분배한다.

③ 법적 소송 관리는 일부 유튜버에게만 해당된다.

④ 타 유튜버들과의 소통의 기회를 제공한다.

35 퍼스널 브랜딩의 3대 원칙으로 잘못된 것은?

① 시대 트렌드에 따라 수시로 바꾸어 주어야 한다.

② 페르소나를 만들어야 한다.

③ 목적을 정해야 한다.

④ 어떤 콘텐츠를 어떻게 보여줄 것인지를 정해야 한다.

36 유튜버들의 매력이 돈이 되는 가장 큰 이유는?

① 인기 업종이 변화되었기 때문이다.

② 경제 패러다임이 바뀌었기 때문이다.

③ 관종이 많아졌기 때문이다.

④ 밀레니엄 세대들의 유튜브 진입률이 높아졌기 때문이다.

37 다음 괄호 안에 알맞은 말은?

> 저작자의 권리와 이에 인접한 권리를 보호하기 위하여 만든 법률로서 어문, 문학, 미술, 건축, 사진, 영상, 도형, 컴퓨터프로그램, 저작물 등이 있다. 이것을 (   )이라 한다.

① 저작권   ② 초상권

③ 상표권   ④ 퍼블리시티권

38 유튜버가 지녀야 할 자세로 올바르지 않은 것은?

① 진실성　　　　② 사명감
③ 소극성　　　　④ 꾸준함

39 다음 보기가 가지고 있는 공통된 특성을 적어라.

<보기>

픽사베이(Pixabay)　　　카버(Coverr)　　　픽셀(Pexels)

(　　　　　　　　　　)

40 포기하지 않는 유튜버가 되기 위해서 반드시 챙겨야 할 것들이 아닌 것은?

① 싫증 나거나 슬럼프가 오지 않도록 멘탈 관리를 잘한다.
② 꾸준한 콘텐츠를 업로드할 수 있도록 채널 성장에 관심을 갖는다.
③ 시청자들과의 소통을 중요하게 생각한다.
④ 지인들과 맞구독을 하면서 구독자 수를 수시로 체크한다.

41 구독자와 조회수를 늘릴 수 있는 방법을 모두 골라라.

가. 일관성 있는 콘텐츠를 올린다.
나. 관련 동영상에 추천될 수 있도록 태그를 연구한다.
다. 꾸준하게 업로드한다.
라. 계절 테마를 사용하면 위험하므로 실시간 검색어만 사용한다.
마. 분야가 비슷한 동영상과 유사 태그를 삽입한다.

① 가, 나, 다, 라　　　　② 가, 다, 라, 마
③ 나, 다, 라, 마　　　　④ 가, 나, 다, 마

42 다음의 예시는 '설득력 있게 마음을 움직이는 카피 한 줄의 힘'의 다섯 가지 원칙 중 어디에 해당된다고 볼 수 있는가?

> 예시) 왕초보도 한 달이면 토익 700점 달성하는 비법

① 구체적 근거를 제시하라.

② 혜택과 문제점 해결 방안을 제시하라.

③ 타깃(Target)을 명확히 정해라.

④ 숫자를 활용하여 카피해라.

43 동영상 업로드 시 '설명 추가란'에 키워드 삽입 시 '키워드 활용도'를 확인해 볼 수 있는 도구(Tool)는 무엇인가?

① 키워드 툴(Keword tool)　　② 키워드 맵(Keword map)

③ 워드 매니저(Word manager)　　④ 워드 툴(Word tool)

44 종료 화면 기능의 특징으로 잘못된 것은?

① 모바일에서도 세팅이 가능하다.

② 마지막 5~20초 동안 표시된다.

③ 업로드 동영상 길이가 25초 이상인 경우 사용 가능하다.

④ 가져오기 기능으로 자동 삽입은 불가능하다.

45 상위 노출 시킬 수 있는 방법으로 옳지 않은 것은?

① 제목에 키워드를 넣는다.

② 시청 시간보다 조회수가 더 중요하므로 썸네일을 잘 만든다.

③ 설명 추가란에 키워드를 넣는다.

④ 2개 이상의 키워드가 들어간 복합 키워드를 넣는다.

46 사람들이 유튜브를 보는 결정적인 이유로 알맞지 않은 것은?

① 크리에이터의 진정성

② 선 넘기의 짜릿함을 느끼는 안전성

③ 간접 체험함으로써 만족을 느끼는 대리 만족

④ 원하는 정보를 찾을 수 있는 유용성

47 종료 화면이나 카드 기능을 통해 유도할 수 있는 것중 성격이 다른 하나는?

① 맞춤 동영상

② 재생목록

③ 최근 동영상

④ 링크

48 클릭률을 높일 수 있을 정도로 효과적인 썸네일을 만들 수 있는 비법으로 바르지 않은 것은?

① 뉴스 기사의 제목을 참고하면 좋다. 뉴스 기사의 제목은 카피 문구 전문가들이 머리를 맞대고 만들어낸 것이기 때문이다.

② 클릭률을 높이기 위해서라면 영상의 내용과 상관없는 썸네일 제목도 전략적으로는 필요하다.

③ 눈에 띄는 배경으로 형광색 배경을 사용하면 좋다.

④ 표정이 있는 얼굴을 클로즈업해서 사용하고 썸네일의 3분의 1정도는 얼굴이 차지하도록 만드는 것이 좋다.

49 다음에 오는 설명으로 잘못된 것은?

① 채널 아트는 영상을 올릴 때마다 바꿔줘야 하는 번거로움이 있다.

② 썸네일은 대표 이미지, 맞춤 미리보기 이미지라는 용어를 사용하기도 한다.

③ 유튜브에는 숏폼과 롱폼이 있다.

④ 유튜브 쇼츠는 세로 비율, 영상의 길이는 60초를 넘기지 않아야 한다.

50 유튜브에 대한 설명으로 옳은 것은?

① 유튜브가 성장할 수 있었던 결정적인 요인은 유튜버들을 파트너로 생각하고 수익을 분배하는 구조를 갖추었기 때문이다.

② 유튜브 영상 업로드 시 '저작권'이라는 메시지가 뜨면 채널에 악영향을 주므로 해당 영상은 무조건 삭제하고 다시 올려야 한다.

③ 재생목록방에 있는 영상은 중간 광고가 뜨지 않기 때문에 편하게 시청할 수 있다는 이점이 있다.

④ 유튜브에는 자신의 광고를 공유하지 못하게 하는 기능이 없다.

51 다음 중 유튜브 용어에 대한 설명이 잘못된 것은?

① 순 시청자 수는 콘텐츠를 시청한 실제 시청자 수를 말한다.

② 유튜브 알고리즘은 사용자가 관심 있어 보이는 분야의 영상을 자동으로 추천해 주는 것을 말한다.

③ CPM은 광고주가 지불하는 비용이다.

④ 노출 클릭률은 썸네일이 표시된 후 시청자가 동영상을 시청한 빈도를 말한다.

52 유튜브 노출 클릭률을 높이기 위한 방법으로 알맞은 것은?

① 다양한 타깃이 유입될 수 있도록 콘텐츠의 방향을 폭넓게 한다.

② 시청자들의 이해를 돕기 위해서 텍스트는 길게 사용한다.

③ 노랑, 빨강, 초록은 시각적 효과가 있어서 적절히 활용한다.

④ 720픽셀의 낮은 해상도를 사용해야만 썸네일이 선명하게 노출된다.

53 다음은 무엇에 대한 설명인가? (   )

> 웹사이트가 유기적인 검색 방식을 통해 검색 엔진에서 상위에 노출될 수 있도록 최적화하는 과정을 말한다.

54 유튜브 알고리즘(Youtube Algorithm)에 관한 설명으로 잘못된 것은?

① 유튜브 AI는 여러 가지 변수를 계산해서 나에게 영상을 추천해 준다.

② 유튜브 AI는 사용자가 보길 원하는 혹은 관심있어 보이는 분야의 영상을 자동으로 추천해 주는 것을 말한다.

③ 100% 정확해서 관심 없는 영상은 추천하지 않는다.

④ 알고리즘으로 추천하는 영상의 클릭률을 생각한다면 유튜브 알고리즘의 정확도는 꽤 높은 것으로 평가된다.

55 검색 엔진을 최적화시키는 데 있어서의 핵심 요소 3가지를 골라라.

> 가. 키워드　　　　　　　　나. 링크
> 다. 양질의 콘텐츠　　　　　라. 썸네일과 제목

① 가, 나, 다　　② 나, 다, 라　　③ 가, 나, 라　　④ 가, 다, 라

56 다음 설명 중 잘못된 것은?

① 유튜브 채널을 만들기 위해서는 구글 계정이 필요하다.

② 구글 계정의 유형은 본인 계정, 일반 계정, 비즈니스 관리 계정 세 가지가 있다.

③ 브랜드 채널은 200개까지 만들 수 있다.

④ 브랜드 채널은 관리자 기능이 있다.

57 유튜버가 되면 일어날 수 있는 일들에 대해 잘못 말한 것은?

① 콘텐츠와 크리에이터의 역량에 따라 고수익 활동이 가능하다.

② 비즈니스 콜라보 등 콘텐츠 색깔에 따라 다양한 기회가 올 수 있다.

③ 강연, 책이나 악보집 출간, TV 출연 등의 제안이 올 수 있다.

④ 구독자 1,000명 + 4,000시간의 뷰 또는 구독자 1,000명 + 쇼츠 4,000만 시간 뷰를 채우면 애드센스 수익 활동이 가능하다.

58 다음을 일컫는 말은 무엇인가? (   )

- 자신을 브랜드화하여 특정 분야에 대해서 먼저 자신을 떠올릴 수 있도록 만드는 과정
- 특정 분야에서 차별화되는 나만의 가치를 높여서 인정받게끔 하는 과정

59 퍼스널 브랜딩의 3대 원칙이 아닌 것은?

① 페르소나를 만들어라.
② 어떤 콘텐츠를, 어떻게 보여줄 것인가를 정하라.
③ 퍼스널 브랜딩을 하고자 하는 목적을 정하라.
④ 전달하고자 하는 타깃을 설정하라.

60 다음 중 설명이 잘못된 것은?

① 유튜버들의 매력이 돈이 되는 가장 큰 이유는 경제적 패러다임이 바뀌어서다.
② 4차 산업혁명 시대에는 지식 노동자가 유능한 인재상이었다.
③ 팬덤의 출발점은 '공감'이다.
④ 유튜브는 세계에서 두 번째로 많이 사용되는 플랫폼이고, 페이스북은 첫 번째로 많이 사용되는 플랫폼이다.

61 유튜브가 최고의 동영상 플랫폼으로 성장할 수 있었던 경쟁력이라고 보기 어려운 것은?

① 데이터를 공유해 주고 분석해 준다.
② 구독자 1,000명과 1,000만 뷰를 채웠을 때 애드센스 수익 활동이 가능하다.
③ 광고비 수익을 나눠주는 구조를 가지고 있다.
④ 크리에이터들을 파트너로 생각한다.

62 MCN에서의 활동이 아닌 것은?

① 광고 수익 활동을 분배한다.

② 법적 소송관리는 민감한 부분이므로 관여하지 않는다.

③ 타 유튜버들과 콜라보 협업의 기회를 제공한다.

④ 인터넷 콘텐츠 창작자들의 매니저 역할을 한다.

63 유튜브 수익활동의 직접적 유형에 대해 모두 골라라.

> 가. 슈퍼챗
> 나. 멤버십
> 다. 애드센스 광고
> 라. 유튜브 쇼핑몰
> 마. 채널 콘텐츠에 따른 다양한 비즈니스 연결
> 바. 라이브커머스

① 가, 나, 다 ② 다, 라, 마
③ 가, 나, 다, 라, 마 ④ 가, 나, 다, 라, 마, 바

64 다음 ( )안에 알맞은 말을 넣어라.

> 저작자(어문, 문학, 미술, 건축, 사진, 영상, 도형, 컴퓨터프로그램, 저작물 등)의 권리와 이에 인접한 권리를 보호하기 위하여 만든 법률을 (   ) 이라 한다.

(   )

65 다음 설명 중 틀린 것은?

① 인간의 지적 활동으로 만들어진 창작물을 보호하는 권리를 지식재산권이라 한다.

② 신지식재산권은 20세기에 들어 새롭게 나타난 경제적 가치를 지닌 지적 창작물을 보호하는 권리를 말한다.

③ 실용, 경제산업 분야에서 나온 창작물을 보호하는 권리를 실경재산권이라 한다.

④ 지식재산권은 특성에 따라 산업재산권, 저작권, 신지식재산권으로 나뉜다.

66 다음 설명 중 옳은 것은?

① 제조회사의 홈페이지는 물건을 공급받는 곳이라서 사진을 가져다 써도 된다.

② 초상화에 나오는 모델은 허락받지 않아도 된다.

③ 인공지능(AI)이 만들어낸 음악이나 그림도 저작물에 포함된다.

④ 퍼블리시티권은 자신의 초상이나 이름 등을 상업적으로 이용할 수 있는 권리를 말한다.

67 저작물이 갖추어야 하는 3가지 요건으로 잘못된 것은?

① 저작물은 창작물이어야 하므로 남의 것을 베낀 것은 저작물이라고 할 수 없다.

② 머릿속에서는 완성되었다고 하더라도 아직 표현되지 않았다면 저작물이라고 할 수 없다.

③ 저작물은 인간의 사상이나 감정이어야 한다.

④ 저작물은 저작인격물, 저작재산물, 저작인접물로 구분된다.

68 다음에 오는 설명이 잘못된 것은?

① 업무상 저작물의 권리는 회사에 있다.

② 원저작물을 가공하면 창작성을 인정받을 수 있다.

③ 상업적 목적으로 이용이 가능한 이미지 공유 사이트는 언스플래쉬, 픽사베이, 픽셀 등이 있다.

④ 동영상을 공동 제작할 때 계약은 선택이다.

69 다음 설명 중 옳은 것은?

① 업무상 저작물이란 회사 명의로 공표된 것이어야 한다.

② 보통 외주 제작사는 저작권을 가질 수 없다.

③ 프리랜서는 저작권을 주장할 수 없다.

④ 업무상 저작물 작성자는 회사 종사자가 아니어도 된다.

70 다음에 오는 설명으로 잘못된 것은?

① 회사가 동영상 강의를 기획, 투자하는 등 전체적으로 책임을 지는 경우 저작권은 회사에 있다.

② 완성한 애니메이션의 저작권은 계약 내용에 따라 달라진다.

③ 시각적 캐릭터는 독자적으로 인정받는다.

④ 캐릭터를 창작했다 할지라도 계약서를 작성하지 않으면 저작권은 없다.

71 다음 설명 중 올바른 것은?

① 콘텐츠에 저작권과 디자인권이 모두 성립할 때 저작권이 우선한다.

② 애니메이션에는 업무상 저작물이 성립하지 않는다.

③ 한국저작권위원회에 조정 신청을 하면 복잡하고 시간이 많이 걸린다.

④ 실수로 저작권을 침해했을 땐 처벌받지 않는다.

72 다음 설명으로 옳지 않는 것은?

① 기소유예처분이란 처벌하지 않고 한 번 용서해 주는 것을 말한다.

② 손해배상 등의 책임은 고의뿐만 아니라 과실로 침해한 행위도 책임을 져야 한다.

③ 퍼블리시티권을 침해 시 위자료와 재산적 손해를 배상해야 한다.

④ 음식 레시피도 저작권 침해가 된다.

73 다음에 오는 문항 중 올바른 설명은?

① 최소 기준 허용의 원칙이란 법률이 지나치게 사소한 영역이나 최소한의 영역까지 개입해서는 안 된다는 원칙을 말한다.

② 인터넷에서 감동받은 구절을 인용하여 사용할 경우 저작권 침해가 된다.

③ 원저작물을 변형하더라도 동일성 유지권 침해에 대한 책임까지 져야 하는 건 아니다.

④ 다른 사람의 음악을 이용 시 공정한 이용 범위는 5~20% 이내 최대 15분 이내이다.

74 다음 ( )안에 알맞은 말로 올 수 있는 것은?

( )은 찍고자 하는 대상에 대한 카메라의 위치나 렌즈의 각도를 말한다.

① 이미지각　　② 카메라 앵글
③ 캠코더 로케이션　　④ 렌즈 앵글

75 아이 레벨(Eye level)에 대한 설명으로 틀린 것은?

① 스탠다드 앵글이라고도 한다.
② 가장 안정적인 화면을 제공한다
③ 피사체를 수평으로 담는 기법이다.
④ 극적인 효과도 표현이 가능하다.

76 하이 앵글(High angle)에 대한 설명으로 올바른 것은?

① 피사체를 대각선으로 담는 기법이다.
② 인물이 가지고 있는 행복감, 기쁨을 표현하고자 할 때 사용하는 기법이다.
③ 회화적인 조형미, 기하학적 장면을 연출하고자 할 때 사용하는 기법이다.
④ 건물의 권위를 나타낼 때 사용하는 기법이다.

77 로우 앵글(Low angle)에 대한 설명으로 잘못된 것은?

① 피사체를 밑에서 올려다보며 찍는 기법이다.

② 피사체의 권위를 표현하고자 할 때 사용되는 기법이다.

③ 가장 안정적인 화면을 제공한다.

④ 다리가 길어 보이게 하는 효과가 있다.

78 '사진 촬영 기법'에 관한 내용으로 잘못된 것은?

① 주제는 진부할 수 있으므로 되도록 멀리서 찾는다.

② 가로 구도로 넓이를 표현할 수 있다.

③ 세로 구도로 공간의 깊이를 표현할 수 있다.

④ 주제를 명확하게 해서 잘 전달되도록 한다.

79 다음에 오는 설명으로 옳은 것은?

① 주제를 가까운 곳에서 찾으면 작품성이 떨어질 수 있다.

② 보색을 조합하면 강렬하게 표현할 수 있다.

③ 상상력을 불러일으키는 말을 선택하면 독자들의 공감을 얻기가 힘들다.

④ 동계색으로 화면을 구성하면 주제가 모호해질 수 있다.

80 다음 설명으로 잘못된 것은?

① 달리샷(Dolly shot)은 삼각대 축이 있는 경우로 카메라가 피사체에 다가가거나 멀어지는 무빙 기법을 말한다.

② 틸팅샷(Tilting shot)은 상하로 축을 이용하여 전경을 담아내는 기법을 말한다.

③ 패닝샷(Panning shot)은 좌우로 축을 이용하여 전경을 담아내는 기법을 말한다.

④ 트래킹샷(Tracking shot)은 카메라를 이동차나 레일 등에 장착하고 좌우로 움직이며 촬영하는 기법으로 카메라가 실제로 이동한다.

81 촬영에 관한 설명으로 옳은 것은?

① 사람이나 동물을 촬영할 때는 '이마'에 초점을 맞추는 것이 기본이다.

② 꽃을 촬영할 때는 '꽃잎'에 초점을 맞추는 것이 기본이다.

③ 풍경을 촬영할 때는 화면 전체에 초점이 맞아 있는 것처럼 보이더라도 대충 찍지 말고 포인트가 되는 곳을 고려해 그곳에 정확하게 초점을 맞춘다.

④ 흐린 날보다 맑은 날에 더 좋은 영상을 담아낼 수 있다.

82 다음에 오는 설명으로 잘못된 것은?

① 영상 촬영 시 3분할 구도로 찍으면 좋다.

② 실내에선 소프트박스를 사용하면 좀 더 부드러운 느낌으로 촬영할 수가 있다.

③ 사람의 시선이 향한 곳의 공간은 최대한 좁게 잡아야만 안정적인 구도로 촬영을 할 수가 있다.

④ 야외 촬영 시 태양이 머리에 있을 때(오후 12시~오후 2시)촬영을 피해준다. 통상적으로 오후 3시~4시 이후에 찍는 것이 좋다.

83 브랜드 포지셔닝에 관한 설명으로 잘못된 것은?

① '시장세분화'를 효과적으로 하기 위해서는 세분시장의 규모와 세분시장 내 소비자들의 구매력 등의 특성들을 측정 가능해야 한다.

② '목표시장 선정'에 있어서의 집중적 마케팅은 한정된 자원으로 효율성을 극대화할 수 있는 전략이다.

③ '시장세분화'는 브랜드 관리자가 원하는 방향으로 브랜드 이미지를 형성하고자 세분화된 소비자들에게 아이덴티티를 효과적이고 효율적으로 커뮤니케이션하기 위한 활동을 말한다.

④ '포지셔닝'은 '누구를 위한 브랜드인가? 무엇을 대신하는 브랜드인가? 언제 사용하는 브랜드인가? 무엇을 위한 브랜드인가? 브랜드 개성은 무엇인가?'의 브랜드 포지셔닝을 통해 구체적으로 실현된다.

84 유튜브에서 인기를 얻고 많은 사용자의 호응을 끌어내는 '콘텐츠 빅 5 키워드'에 대한 설명으로 옳은 것은?

① 상호작용성: 인플루언서와 크리에이터들과의 협업을 말한다.
② 검색가능성: 즉시 검색될 수 있도록 한다.
③ 협업: 사용자들의 공감을 얻고 활발한 소통이 가능하도록 한다.
④ 커뮤니티: 지속적인 업로드를 소홀히 하지 않아야 한다.

85 다음은 퍼스널 브랜딩의 중요성에 관한 설명이다. 잘못된 것은?

① 구별되는 신임도: 퍼스널 브랜딩을 통해 자신만의 고유한 아이덴티티와 목소리를 구축할 수 있다.
② 직업 기회: 강력한 퍼스널 브랜딩을 구축하면 좋은 인상을 남기고 채용 과정에서 경쟁우위를 갖을 수 있다.
③ 온라인 이미지: 퍼스널 브랜딩을 통해 자신의 온라인 이미지를 관리하고 전문성을 강조할 수 있다.
④ 네트워킹: 퍼스널 브랜딩을 통해 다른 사람들과의 연결과 네트워킹 기회를 얻을 수 있다.

86 브랜드 마케팅을 위한 방법으로 잘못된 것은?

① 고유한 가치 제안(UVP)을 개발하여 고객에게 브랜드의 장점과 혜택을 전달해야 한다.
② 목표를 설정하고 브랜드 마케팅 전략을 구체화하는 과정은 프로젝트 중반부에 진행해야 한다.
③ 소셜 미디어 플랫폼을 이용하여 브랜드를 홍보하고 고객과 상호작용할 수 있다.
④ 다채로운 채널을 이용하여 마케팅을 하면 브랜드의 가시성을 향상시킬 수 있다.

87 다음은 무엇에 대한 설명인가?

> 비디오에 이 기능을 추가하여 시청자를 행동에 이끌 수 있다. '구독하기, 좋아요 버튼 누르기, 댓글 남기기, 웹사이트 방문하기' 등과 같은 명확하고 간단한 명령을 제공한다.

① 카드 기능
② 종료 화면 기능
③ 콜 투 액션 기능
④ 커뮤니티 기능

88 효과적인 유튜브 마케팅에 관한 설명으로 잘못된 것은?

① 콘텐츠 구상: 강력하고 유용한 콘텐츠를 구상한다.
② 비디오 품질 개선: 좋은 조명, 음향, 편집 소프트웨어 사용 등을 통해 비디오 품질을 향상시킬 수 있다.
③ 매력적인 썸네일: 시청자의 관심을 끌고 클릭률을 높이기 위해 내용과 상관없는 강렬한 썸네일 이미지는 필요하다.
④ 협업과 제휴: 인기 있는 유튜버나 다른 브랜드와의 협업을 고려한다.

89 온라인에서 검색되는 '나를 만드는 콘텐츠'에 관한 설명으로 잘못된 것은?

① 나를 나타내는 키워드로 '브랜드 키워드'가 있다.
② 브랜드 키워드로 이름, 닉네임, 회사명, 브랜드 콘셉트를 사용하기도 한다.
③ 나의 콘텐츠가 하위 노출되고 있는 키워드를 '유효 키워드'라고 한다.
④ 나의 잠재고객이 나를 찾기 위해 검색하는 키워드는 '전략 키워드'다.

90 대중에게 영향력을 높이는 '유튜브 채널'에 관한 설명으로 틀린 것은?

① 하루 트래픽 20억 명 이상의 사람들이 사용하는 동영상 최대 플랫폼이다.

② 유튜브 공식 채널은 단기간에 성과를 내야 하므로 단기적 플랜으로 진입해야 한다.

③ 유튜브 라이브 방송을 통해 소통이 가능하다.

④ 기타 SNS 매체와의 손쉬운 연동이 가능하다.

91 유튜브 운영 핵심 노하우에 관한 설명으로 맞는 것은?

① 타깃을 최대한 좁혀야만 클릭률을 높일 수 있다.

② 사람들의 호기심을 높이기 위해 제목은 영상 내용과 무관해도 좋다.

③ 썸네일은 눈에 띌 수 있는 색을 사용하면 유리하다.

④ 조회수를 높이기 위해 조회수가 높은 제목을 똑같이 쓰게 되면 저작권에 걸릴 수 있다.

92 다음은 퍼스널 브랜딩의 구축 단계 중 어디에 해당하는가?

- 나는 어떤 분야에 어떤 사람인가? (Positioning)
- 누구에게 주고 싶은가? (Target)
- 어떠한 가치를 주고 싶은가? (Worth)
- 어떤 이유 때문인가? (Reason)

① 브랜드 탐색 ② 브랜드 콘셉트

③ 브랜드 스토리 ④ 브랜드 채널 전략

93 유튜브 콘텐츠에 관한 설명으로 잘못된 것은?

① 유튜브 콘텐츠에는 심벌 콘텐츠, 서브 콘텐츠, 히로 콘텐츠, 베이직 콘텐츠가 있다.

② 히로 콘텐츠는 새로운 시청자를 확보하기 위한 기획 콘텐츠로 신선하고 혁신적이어야 한다.

③ 서브 콘텐츠는 트렌드에 부합해야 한다.

④ 메인 콘텐츠는 본인의 사업이나 강점과 연계해 주제가 잘 드러날 수 있어야 하며, 장기적인 호흡으로 접근할 수 있는 주제여야 한다.

94 유튜브 레드오션에서 살아남을 수 있는 방법을 모두 골라라.

> A. 틈새시장을 포착한다.
> B. 트렌드를 놓치지 않는다.
> C. 콘텐츠와 콘셉트는 이원화한다.
> D. 차별화가 중요하다.

① A, B, C, D ② A, B, D
③ B, C, D   ④ A, C, D

95 성공한 유튜버들의 공통점이 아닌 것은?

① 하루라도 먼저 시작했다.

② 캐릭터의 정체성이 분명하다.

③ 끊임없는 노력파들이다.

④ 콘텐츠를 사업으로 연계하는 건 철저히 배제했다.

96 채널 브랜딩을 위한 설명으로 잘못된 것은?

① 채널의 메시지는 일관되게 전달해야 한다.

② 채널 아이콘은 본인 사진이나 로고를 사용한다.

③ 채널 아트는 채널의 방향성에 맞게 1280X720으로 한다.

④ 카드 기능을 통해 시청자에게 추가적으로 동영상과 관련된 재생목록, 연관 동영상을 홍보할 수 있는 링크를 삽입할 수 있다.

97 기획 아이디어를 얻는 방법으로 잘못된 것은?

① 해외 유튜브 동영상을 꾸준히 모니터링한다.

② 본인의 관심 키워드를 여러 포털 사이트에서 수시로 검색한다.

③ 디딤돌이 되어줄 티저 광고 동영상은 3분 이상으로 제작한다.

④ 기승전결이 잘 짜인 대본을 준비한다.

98 성공적인 채널 관리로 챙겨야 하는 것이 아닌 것은?

① IN PUT

② 언행관리

③ 마인드 콘트롤

④ 콘텐츠 제작

99 마케팅 불변의 법칙에 관한 설명으로 잘못된 것은?

① 스스로 부정적인 면을 인정하면 소비자는 긍정적인 평가를 해 줄 것이다(조망의 법칙).

② 오직 하나의 대담한 공격만이 실효를 거둘 수 있다(단일의 법칙).

③ 단순한 하나의 단어나 개념에 초점을 모으면 사람들의 마음속에 깊은 인상을 남길 수 있다(집중의 법칙).

④ 어느 영역에서 최초가 될 수 없다면 최초가 될 수 있는 새로운 영역을 개척한다(카테고리의 법칙).

100 아래 내용은 무엇에 대한 설명인가?

> A. 더 좋기보다는 최초가 되는 편이 낫다.
> B. 성공 비결은 소비자의 마음속에 최초로 들어가는 것이다.
> C. 결국 마케팅은 제품이 아니라 인식의 싸움이다.
> D. 최초의 브랜드는 대부분 해당 영역의 리더가 된다.

① 리더십의 법칙　　　　② 카테고리의 법칙
③ 정직의 법칙　　　　　④ 단일의 법칙

101 다음에 오는 설명으로 잘못된 것은?

① 기업의 마케터가 광고비를 지불해 획득한 조회수를 오거닉뷰(Organic view)라고 한다.
② 애드뷰(Ad view)는 마케터가 유튜브에 광고비를 내고 고객에게 push 형태로 광고를 노출한 뒤 얻는 조회 수다.
③ 오거닉뷰는 광고비를 쓰지 않은 상태에서 시청자가 자발적 의지로 광고를 본 조회수를 말한다.
④ 유튜브 영상 하단에 나타나는 조회수는 애드뷰와 오거닉뷰를 합한 것이다.

102 스킵 광고(Trueview Instream)에 대한 설명으로 옳은 것은?

① 시청자가 30초 이상 시청하지 않아도 클릭하는 순간 광고비를 내야 한다.
② 게재할 수 있는 광고의 길이는 1분 이내로 제한이 있다.
③ 시청자가 유튜브 영상을 볼 때 영상 전후 또는 중간에 재생되는 광고를 말한다.
④ 스킵 광고 평균 성과 추정치 CPV(조회당 비용)는 100원이다.

103 유튜브 타깃팅에 대한 설명으로 잘못된 것은?

① 관심사 타깃팅은 관심 분야를 기준으로 고객군을 분류하는 것을 말한다.

② 주제 및 게재 위치 타깃팅은 사람을 기준으로 한다.

③ 인구 통계 타깃팅은 기본적으로 성별, 나이에 따른 타깃팅이 가능하다.

④ 주제 및 게재 위치 타깃팅의 기준이 되는 것은 콘텐츠다.

104 지역 타깃팅에 대한 설명으로 틀린 것은?

① 고객이 사용하는 핸드폰 단말 종류별로 다르게 광고하는 방법이다.

② 각 지역에 특화된 메시지를 보낼 수 있다.

③ 지역 타깃팅을 고객 맞춤형 타깃팅으로 활용할 수 있다.

④ 고객이 현재 위치한 지역을 기준으로 광고를 노출하는 방법이다.

105 쇼츠 최적화를 위한 방법으로 잘못된 것은?

① 키워드는 제목, 설명, 태그에 삽입한다.

② 콘텐츠의 주요 내용으로 하고 제목은 가능한 한 간결하고 명확하게 작성한다.

③ 매력적인 시간은 60초를 추천한다.

④ 소셜 미디어에 공유하면 인기도가 상승할 수 있다.

106 시청자들이 끌리는 쇼츠 콘텐츠에 관한 설명으로 옳지 않은 것은?

① 유머와 재미있는 요소를 가미하는 게 좋다. 그 예로는 패러디, 코미디, 반전, 액션, 반응 등이 있다.

② 교육적, 정보성의 콘텐츠가 좋은데 이슈 콘텐츠가 여기에 속한다.

③ 게임 플레이, 게임 리뷰, 게임 토크쇼 등 놀이와 게임이 관련된 콘텐츠가 좋다.

④ 트렌드와 이슈에 관한 콘텐츠에는 패션, 뷰티, 음악, 게임 등이 들어간다.

107 1인 미디어에 관한 설명으로 잘못된 것은?

① 1인 미디어는 인터넷 동영상, SNS 플랫폼 등을 기반으로 개인이 이용자 취향에 맞춘 차별화된 콘텐츠를 생산하고 이용자와 상호작용을 통해 부가가치를 창출하는 신개념 미디어를 말한다.

② 창작자는 1인 미디어 창작자, 1인 창작자, 1인 크리에이터를 말한다.

③ 국내 1인 창작자는 점점 줄어가는 추세다.

④ 국내 1인 창작자는 유튜브에서의 인지도를 기반으로 큰 수익을 창출하고 있다.

108 비즈니스 환경의 변화에 관한 설명으로 틀린 것은?

① 기술적 특징의 빠른 변화로 IT가 진화되고 있다.

② 소비 패턴이 개인화에서 대중화로 변화되고 있다.

③ 단일 플랫폼 일방향 소통에서 통합 플랫폼 쌍방향 소통으로 확대되고 있다.

④ 가치혁신은 기술 중심, 양적 확장에서 감성 중심, 질적 향상으로 변화되고 있다.

109 1인 미디어 플랫폼의 특성으로 바르게 설명한 것은?

① 인스타그램은 정보 유지 기간이 무한대다.

② 유튜브는 콘텐츠 전파가 빠르다.

③ 유튜브는 검색의 어려움이 있다.

④ 페이스북은 저작권 침해 문제에 노출될 수 있다.

110 카드 기능에 대한 설명으로 바르지 않은 것은?

① 동영상 시청자에게 다른 동영상이나 재생목록, 또는 사이트로 가는 링크로 유도할 수 있는 기능이다.

② 팝업이 표시되는 타이밍은 직접 설정할 수 없다.

③ 카드 기능은 하나의 동영상에 5개까지 설정할 수 있다.

④ 유도하고자 하는 링크나 동영상을 동영상 안에 팝업으로 표시하도록 하는 기능을 말한다.

111 유튜브를 해야 하는 이유로 적절치 않은 것은?

① 유튜브는 퍼스널 브랜딩의 최고봉이다.

② 유튜브를 하다 보면 나의 취약한 점에 집중할 수 있다.

③ 유튜브는 노후를 위한 보험이 될 수 있다.

④ 유튜브는 나의 충실한 포트폴리오가 된다.

112 다음 괄호 안에 알맞은 말을 넣어라.

> 파일 종류를 구별하기 위하여 파일명의 마침표 뒤에 붙이는 문자를 (   ) 라고 한다.

① 기획자   ② 작성자   ③ 확장자   ④ 분담자

113 썸네일을 만들 때 주의해야 할 사항으로 잘못된 것은?

① 썸네일의 제목을 지을 때 조회수를 늘리기 위해 영상 내용과 상관없는 제목을 사용하면 어그로를 끌 수 있어서 지수에 악영향을 미친다.

② 똑같은 이미지를 사용하고자 할 때 텍스트는 다르게 적어야 한다.

③ 썸네일에 채널명을 넣는 게 좋다.

④ 롱폼이든 숏폼이든 썸네일을 굳이 넣지 않아도 된다.

114 다음과 같은 타인의 동영상을 다운받으려고 한다. 알맞은 형태로 바꾼 것은?

> https://www.youtube.com/watch?v=9s4JMJioqPg

① sshttps://www.youtube.com/watch?v=9s4JMJioqPg

② https://ssww.youtube.com/watch?v=9s4JMJioqPg

③ https://www.ssyoutube.com/watch?v=9s4JMJioqPg

④ https://www.youtube.com/watch?v=9s4JMJioqPg

115 피드에서 주목받을 수 있는 법칙으로 잘못된 것은?

① 유튜브 환경에서 잘 보이는 컬러, 대비를 적절하게 이용한다.

② 명확한 표현보다는 추상적인 표현을 사용해야만 한다.

③ 흥미로운 상황, 수치등의 명확한 표현과 메시지를 버무린다.

④ 추상적인 표현보다는 명확한 표현을 사용하는 것이 좋다.

116 유튜브 반응도의 지수에 영향을 미치지 않는 것은?

① CTR　　② 구독

③ 영상 추가 시청　　④ 싫어요

117 유튜브 썸네일에 대한 설명으로 옳지 않은 것은?

① 썸네일이 피드에서 보이는 시간은 2~3초 정도다.

② 썸네일에 사용되는 사진은 영상 내용과 무관해도 상관없다.

③ 썸네일 제목에 '~하는 방법', 숫자를 사용하게 되면 시청자들의 클릭 욕구를 더 증가시킨다.

④ 썸네일의 글자는 크고 진하게 적는다.

118 유튜브 업로드 시 고려해야 할 사항으로 잘못된 것은?

① 웹사이트 링크를 노출하는 방법은 설명 영역에 링크 URL 주소, 동영상 안에 링크를 넣는다.

② 유튜브는 동영상을 공유하는 곳이지 상품이나 서비스를 직접적으로 판매하는 곳은 아니다.

③ 동영상의 최종목표는 Call to action임을 기억한다.

④ 유튜브를 통해 자사 홈페이지, SNS, 블로그로 방문을 유도할 수는 없다.

119 크리에이터로서 가져야 할 마인드셋으로 바르지 않은 것은?

① 새로운 도전은 시청자들이 불편해하므로 하지 않는 게 좋다.

② 콘텐츠로 인해 생겨나는 연결에 집중한다.

③ 내가 가진 강점을 살릴 수 있도록 노력한다.

④ 내가 지닌 스토리를 통해 세상과 소통할 수 있어야 한다.

120 저작권에 관한 설명으로 잘못된 것은?

① 모든 창작자에게 그 창작물을 지키고 보호할 권한을 주는 것을 말한다.

② '저작권법 제30조'에 의하여 사적 이용을 위한 목적으로 복제 시 허용된다.

③ '저작권법 제5조'에 의하여 2차적 저작물은 허용된다.

④ 저작권법 위배 시 3천만 원의 벌금이나 3년 이상의 징역형에 처할 수 있다.

121 다음 설명에 해당되는 말은?

- 영상 콘텐츠를 접한 다양한 사람들의 여러 가지 반응을 말한다.
- 유튜브 알고리즘이 콘텐츠의 질을 판정하는데 기준이 된다.

① SEO
② 반응도
③ 유튜브 AI
④ 빅데이터

122 '키워드(Keyword)'에 대한 설명으로 바르지 못한 것은?

① 시청자의 유입을 끌어내기 위한 핵심 단어를 뜻한다.

② 시청자가 데이터를 검색할 때 사용하는 단어나 기호, 이미지, 비디오 등을 일컫는다.

③ 좋은 키워드를 리서치하는 이유는 좋은 키워드를 찾아 콘텐츠 제작이나 검색 엔진 최적화, 키워드 마케팅 등의 마케팅 전략에 사용하기 위해서다.

④ 유튜브에는 키워드를 30개까지 넣을 수 있다.

123 마케팅할 때 '스토리텔링'이 필요한 이유는?

① 사실에 기초한 이야기를 재미있게 해설함으로써 고객에게 감동을 주는 마케팅 기법을 활용할 수 있어서다.

② 허구적인 것을 사실인 것처럼 효과적으로 전달할 수 있기 때문이다.

③ 건조한 이야기를 재미있게 풀어갈 수 있어서다.

④ 짧은 시간을 투자하여 판매율을 올릴 수 있어서다.

124 다음 설명으로 옳지 않는 것은?

① PNG, JPEG는 이미지 사진, MP3는 동영상, MP4는 오디오를 뜻한다.

② 썸네일을 제작할 수 있는 도구로는 미리캔버스, 캔바, 망고보드, 키네마스터 등이 있다.

③ 썸네일 넣기, 실시간 스트리밍, 15분 이상의 장편 영상 업로드는 계정 인증을 해야만 활용할 수 있는 기능들이다.

④ 매직 리무브는 뒷배경을 지울 수 있는 도구다.

125 다음은 무엇에 관한 설명인가?

> 유튜브 (　　)은 유튜브에 업로드하는 동영상에 사용하는 BGM이나 효과음을 무료로 제공받을 수 있는 곳이다.

① 오디오 보관함　　　　② 동영상 관리
③ 채널 맞춤 설정　　　　④ 채널 분석

126 유튜브는 건전한 채널 문화를 만들기 위해 일방적으로 채널을 한꺼번에 삭제하기도 한다. 이에 대한 보완책으로 맞는 것을 모두 고른다면?

> 가. 구글 계정 하나당 유튜브 계정 하나를 만드는 것이 가장 안전하다.
> 나. 3개 이상의 채널을 가지는 것이 좋다.
> 다. 여러 개의 채널을 만들어서 리스크를 분산하는 것이 좋다.
> 라. 유튜브 방침(스팸, 현혹행위, 사기)을 확실하게 준수해야 한다.

① 가, 나, 다, 라
② 가
③ 가, 나
④ 가, 나, 다

127 유튜브에 관한 설명으로 옳지 않은 것은?

① 카드와 종료 화면 기능을 통해 시청 시간을 늘릴 수 있다.
② '퍼가기 허용'이라는 기능을 잠그면 해당 영상의 공유가 차단된다.
③ 다중 송출 기능이 가능한 '프리즘 라이브'라는 도구를 통해서도 실시간 스트리밍이 가능하다.
④ '저작권'이라는 제한사항 발생 시 채널 성장에 악영향을 미칠 수 있다.

128 채널 분석에 대한 설명으로 바르지 않은 것은?

① 내 채널 → 동영상 관리에 들어가면 채널 분석을 할 수 있다.
② 지난 7일간 채널의 조회수, 평균 조회율 등을 확인할 수 있다.
③ 전체 노출 수, 노출 클릭률, 순 시청자 수, 트래픽 소스의 유형 등의 도달 범위를 알 수 있다.
④ 재방문 시청자, 시청자 증가를 유도한 동영상, 구독자 시청 시간, 나이 및 성별, 영상을 많이 본 지역, 내 시청자가 시청하는 다른 채널 및 다른 동영상을 알 수 있다.

129 유튜브에 관한 설명으로 잘못된 것은?

① 유튜브는 동영상을 업로드하고 공유할 수 있는 플랫폼이다.

② 유튜브는 긴 영상을 업로드할 수 있는 롱폼과 짧은 영상을 업로드할 수 있는 숏폼으로 구성되어 있다.

③ 유튜브 쇼츠는 90초 이내의 영상을 만들어야 하고, 화면 비율은 반드시 세로로 해야 한다.

④ 구독자 1,000명과 시청 시간 4,000시간을 만족하면 애드센스 수익 활동을 할 수 있다.

130 유튜브 SEO를 위한 기본요령으로 옳지 않은 것은?

① 제목과 설명 추가란에 키워드를 넣는다.

② 단순 조회수보다 시청 지속 시간이 더 중요하므로 평균 시청 시간을 늘릴 수 있는 방안을 연구한다.

③ 구독자의 유입 경로와 시청 패턴을 분석하기 위해 유튜브 에널리틱스를 활용한다.

④ 유튜브에 사용될 수 있는 태그 키워드는 모두 20개다.

131 다음은 무엇에 대한 설명인가?

- 이것은 특정한 1초마다 처리하는 비트 수를 말한다.
- 이것이 높을수록 동영상은 더 많은 정보를 가지게 되므로 화질은 더 좋아지게 된다.

① 픽셀   ② 프레임
③ 레이어   ④ 비트레이트

132 유튜브 썸네일에 관한 설명으로 잘못된 것은?

① 유튜브 썸네일은 불특정 다수에게 후킹할 수 있어야 하므로 호기심을 자극할 수 있는 제목을 잡으면 유효하다.

② 유튜브 썸네일용 사진을 따로 촬영하는 것도 하나의 전략이 될 수 있다.

③ 유튜브 썸네일은 어그로를 끌어야 하므로 과장되게 만들수록 좋다.

④ 시리즈용으로 업로드되는 썸네일은 동일성을 표현하는 것도 하나의 방법이 될 수 있다.

133 다음에 오는 내용으로 바르지 않은 것은?

① 롱폼은 가로 비율만 업로드할 수 있다.

② 숏폼은 세로 비율만 사용한다.

③ 숏폼은 비교적 노출이 잘 되는 편이라서 초보 유튜버들에게 유리하다.

④ 숏폼 크리에이터들은 구독자 1,000명과 1,000만 뷰 요건을 충족 시 유튜브 파트너가 될 수 있다.

134 다음 괄호 안에 알맞은 말은?

> 고객에게 가치있는 상품을 창출, 교환하여 조직의 목표를 충족시키는 과정을 (　　　)이라 한다.

① 마케팅　　　　　　　　　　② 브랜딩
③ 벤치마킹　　　　　　　　　④ 브랜드 포지셔닝

135 포기하지 않는 유튜버가 되기 위해서 반드시 챙겨야 할 것들이 아닌 것은?

① 싫증 나거나 슬럼프가 오지 않도록 멘탈 관리를 잘한다.

② 꾸준한 콘텐츠를 업로드 할 수 있도록 채널 성장에 관심을 갖는다.

③ 시청자들과의 소통을 중요하게 생각한다.

④ 지인들과 맞구독을 하면서 구독자 수를 수시로 체크한다.

136 구독자와 조회수를 늘릴 수 있는 방법을 모두 골라라.

> 가. 일관성 있는 콘텐츠를 올린다.
> 나. 관련 동영상에 추천될 수 있도록 태그를 연구한다.
> 다. 꾸준하게 업로드한다.
> 라. 계절 테마를 사용하면 위험하므로 실시간 검색어만 사용한다.
> 마. 분야가 비슷한 동영상과 유사 태그를 삽입한다.

① 가, 나, 다, 라 ② 가, 다, 라, 마
③ 나, 다, 라, 마 ④ 가, 나, 다, 마

137 다음의 예시는 '설득력 있게 마음을 움직이는 카피 한 줄의 힘'의 다섯 가지 원칙 중 어디에 해당된다고 볼 수 있는가?

> 예시) 왕초보도 한 달이면 토익 700점 달성하는 비법

① 구체적 근거를 제시하라.

② 혜택과 문제점 해결 방안을 제시하라.

③ 타깃(Target)을 명확히 정해라.

④ 숫자를 활용하여 카피해라.

138 동영상 업로드 시 '설명 추가란'에 키워드 삽입 시 '키워드 활용도'를 확인해 볼 수 있는 도구(Tool)는 무엇인가?

① 키워드 툴(Keword tool) ② 키워드 맵(Keword map)
③ 워드 매니저(Word manager) ④ 워드 툴(Word tool)

139 종료 화면 기능의 특징으로 잘못된 것은?

① 모바일에서도 세팅이 가능하다.
② 마지막 5~20초 동안 표시된다.
③ 업로드 동영상 길이가 25초 이상인 경우 사용 가능하다.
④ 가져오기 기능으로 자동 삽입은 불가능하다.

140 상위노출 시킬 수 있는 방법으로 옳지 않은 것은?

① 제목에 키워드를 넣는다.
② 시청 시간보다 조회수가 더 중요하므로 썸네일을 잘 만든다.
③ 설명 추가란에 키워드를 넣는다.
④ 2개 이상의 키워드가 들어간 복합 키워드를 넣는다.

141 종료 화면이나 카드 기능을 통해 유도할 수 있는 것 중 성격이 다른 하나는?

① 동영상 ② 재생목록
③ 링크 ④ 채널 구독

142 클릭률을 높일 수 있을 정도로 효과적인 썸네일을 만들 수 있는 비법으로 바르지 않은 것은?

① 뉴스 기사의 제목을 참고하면 좋다. 뉴스 기사의 제목은 카피 문구 전문가들이 머리를 맞대고 만들어낸 것이기 때문이다.
② 클릭률을 높이기 위해서라면 영상의 내용과 상관없는 썸네일 제목도 전략적으로는 필요하다.
③ 눈에 띄는 배경으로 형광색 배경을 사용하면 좋다.
④ 표정이 있는 얼굴을 클로즈업해서 사용하고 썸네일의 3분의 1정도는 얼굴이 차지하도록 만드는 것이 좋다.

143 다음에 오는 설명으로 잘못된 것은?

① 채널 아트는 영상을 올릴 때마다 바꿔줘야 하는 번거로움이 있다.
② 썸네일은 대표 이미지, 맞춤 미리보기 이미지라는 용어를 사용하기도 한다.
③ 유튜브에는 숏폼과 롱폼이 있다.
④ 유튜브 쇼츠는 세로 비율, 영상의 길이는 60초를 넘기지 않아야 한다.

144 유튜브에 대한 설명으로 옳은 것은?

① 유튜브가 성장할 수 있었던 결정적인 요인은 유튜버들을 파트너로 생각하고 수익을 분배하는 구조를 갖추었기 때문이다.
② 유튜브 영상 업로드 시 '저작권'이라는 메시지가 뜨면 채널에 악영향을 주므로 해당 영상은 무조건 삭제하고 다시 올려야 한다.
③ 재생목록방에 있는 영상은 중간 광고가 뜨지 않기 때문에 편하게 시청할 수 있다는 이점이 있다.
④ 유튜브에는 자신의 광고를 공유하지 못하게 하는 기능이 없다.

145 키네마스터에 대한 설명으로 잘못된 것은?

① 유료와 무료로 사용 가능하다.

② 무료로 이용 시 워터마크가 있고, 중간중간 다운로드 시 광고가 뜨는 번거로움이 있으며 '프리미엄' 기능은 이용하지 못한다.

③ 매직 리무버 기능을 통해 이미지만 뒷배경을 지울 수 있다.

④ 팬줌 기능을 이용하여 원하는 부분을 확대해서 보이게 할 수 있다.

146 유튜버가 지녀야 할 자세로 올바르지 않은 것은?

① 진실성　　② 사명감　　③ 소극성　　④ 꾸준함

147 '포스트 코로나19'로 달라진 사회적 변화로 옳은 것은?

① 4차 산업혁명은 코로나19 사태가 종료되면 완만한 속도를 유지한다.

② 인류의 생활공간은 오프라인(Off line)을 계속 유지한다.

③ 인스타그램, 블로그, 페이스북의 지배력이 강화된다.

④ 인류의 생활 공간이 오프라인으로 되돌아온다.

148 대한민국 파워 유튜버들의 특징으로 옳지 않은 것은?

① 직관적인 콘텐츠를 가지고 있다.

② 뛰어난 공감 능력을 가지고 있다.

③ 글로벌 시장 대상 등으로 분석된다.

④ 지적 능력이 우수하다.

149 '영상 촬영 기법'에 관한 설명으로 바르지 않은 것은?

① 피사체와 카메라가 이루는 각도를 앵글(Angle)이라고 한다.

② 수평 앵글은 기본적인 앵글로 가정 안정적인 화면을 제공한다.

③ 로우 앵글(Low angle)은 인물의 무력감을 표현하고자 할 때 효과적이다.

④ 하이 앵글(High angle)은 피사체를 위에서 내려다본 각도로 촬영한다.

150 동영상 마케팅에 관한 설명으로 잘못된 것은?

① 많은 예산을 투입해야만 고객을 모을 수 있다.

② 자사의 브랜드를 구축할 수 있다.

③ 경쟁사와의 확실한 차별을 꾀할 수 있다.

④ 상품과 서비스를 쉽게 판매할 수 있다.

151 팬 만들기 동영상을 만드는 요령으로 바르지 않은 것은?

① 동영상은 5분 이상의 분량이어야만 내용을 충분히 전달할 수 있다.

② 하나의 동영상에는 하나의 메시지만 담는다.

③ 노하우는 아끼지 말고 가능한 한 모두 공개한다.

④ 동영상에 '콜 투 액션(CTA) 요소'를 꼭 넣는다.

152 SEO에 대한 설명으로 바른 것은?

① 인터넷에서 누군가 특정한 키워드를 검색했을 때 웹사이트의 주소 링크를 검색 결과 페이지에서 상위에 나타나게 하는 것을 말한다.

② 유튜브 노출을 위해 가장 중요한 건 썸네일이다.

③ 경쟁 채널의 인기 동영상을 찾아 태그 키워드를 따라서 사용하면 저작권에 걸려 법적 제재를 받을 수 있다.

④ 중요한 연관 키워드는 되도록 제목 뒤쪽에 넣는다.

153 유튜브 애널리틱스에 관한 설명으로 잘못된 것은?

① 유튜브 애널리틱스는 '분석' 메뉴를 말한다.

② 유튜브 애널리틱스는 구글 애널리틱스처럼 별도의 설치가 필요하다.

③ 유튜브가 제일 중요하게 여기는 분석 지표들은 시청 시간, 평균 시청 지속 시간, 조회수, 시청자들의 참여 반응이다.

④ 유튜브 검색어를 사용하는 것은 SEO의 효율을 높일 수 있는 가장 중요한 포인트다.

154 다음은 영상 콘티 짜는 법에 관한 단계이다. 순서로 알맞은 것은?

① 콘티 작성 → 전체 스토리 구성 → 장면 구성 → 대사 및 효과음 작성 → 수정 및 보완

② 전체 스토리 구성 → 장면 구성 → 대사 및 효과음 작성 → 콘티 작성 → 수정 및 보완

③ 콘티 작성 → 장면 구성 → 대사 및 효과음 작성 → 전체 스토리 구성 → 수정 및 보완

④ 전체 스토리 구성 → 콘티 작성 → 장면 구성 → 대사 및 효과음 작성 → 수정 및 보완

155 다음은 무엇에 대한 설명인가?

> 비디오에 이 기능을 추가하여 시청자를 행동에 이끌 수 있다. '구독하기, 좋아요 버튼 누르기, 댓글 남기기, 웹사이트 방문하기' 등과 같은 명확하고 간단한 명령을 제공한다.

① 카드 기능   ② 종료 화면 기능   ③ 콜 투 액션 기능   ④ 커뮤니티 기능

156 다음에 오는 설명으로 잘못된 것은?

① 콘텐츠(Contents)란 글자, 정보, 영상 또는 비디오, 사진 같은 다양한 모든 부분에서 발생되는 '지적재산권'을 말한다.

② 의사결정을 하는 데 도움이 된다면 사람들은 저장하려고 한다.

③ 알고리즘에 '어떤 주제의 크리에이터인지 정보를 줄 수 있는 방법'은 썸네일이다.

④ 내 콘텐츠가 올라가는 플랫폼의 알고리즘을 의식해야 한다.

157 '한 문장 마케팅'에 관한 설명으로 잘못된 것은?

① 한 문장 메시지를 효과적으로 작성하기 위해서는 먼저 내가 무엇을 하는 사람인지를 어필할 필요가 있다.
② 소셜 네트워크는 개인정보 노출의 위험이 있으므로 한시적으로만 사용한다.
③ 시청자가 내 채널의 영상을 보았을 때 어떤 이익과 혜택을 줄 수 있는지를 표현한다.
④ 단순하지만 무조건 지속하려는 노력은 절대적으로 필요하다.

158 '퍼스널 브랜딩의 구축 단계'에 관한 설명으로 잘못된 것은?

① '찐 나'를 찾는 과정으로 브랜드 탐색이 먼저 실현되어야 한다.
② 퍼스널 브랜딩의 구축 단계는 '브랜드 스토리 → 브랜드 탐색 → 브랜드 콘셉트'로 진행된다.
③ 브랜드의 이야기를 만들어 내는 과정에서 진정성은 반드시 수반되어야 한다.
④ '나는 어떤 분야의 어떤 사람이고, 누구에게 어떠한 이유로 어떠한 가치를 주고 싶은가?'는 브랜드 콘셉트의 요소다.

159 다음은 무엇에 관한 설명인가? (   )

- 자신의 목표 달성을 위한 동기부여와 집중력을 높여준다.
- 자신의 전문성과 역량을 강조하여 경쟁 우위를 확보할 수 있다.
- 자신을 독특하게 인식하고 자신의 강점과 가치를 강조하는 데 도움이 된다.
- 자신의 목표를 정하고 그에 맞는 방향으로 나아갈 수 있도록 도와준다.
- 자신의 이미지를 관리하고 신뢰성과 신뢰도를 높이는 데 도움이 된다.

160 다음에 오는 설명으로 잘못된 것은?

① 채널 아트는 2560x1440픽셀, 썸네일은 1280x720픽셀을 사용한다.

② 채널명은 90일 간격으로 3회 수정 가능하다.

③ 미리캔버스와 캔바 도구를 활용하여 채널 아트, 썸네일 등을 쉽게 제작할 수 있다.

④ 채널 콘텐츠 제작을 구상할 때 재미, 정보, 교훈이 될 만한 요소를 넣을 수 있도록 한다.

"나는 내게 올 행운을 기다리기만 하는 소극적인 사람이 아니라, 그것을 나에게 끌어당기기 위해 적극적으로 행운을 만들어갈 줄 아는 사람이다."

— 조안쌤 책 《괜찮아, 충분히 잘하고 있어》 중에서

기출 문제 정답과 해설

정답
01 ① 02 ② 03 ③ 04 ③ 05 ④ 06 ③ 07 ② 08 ④ 09 ② 10 ①

01 ① **해설)** 카드 기능이 적용되는 구간을 직접 설정할 수 있다.

02 ② **해설)** 유튜브를 하다 보면 나의 장점에 집중할 수 있다.

03 ③ **해설)** 브랜드 채널은 기본(일반)채널의 하위채널로 200개까지 만들 수 있다.

04 ③ **해설)** PNG, JPG: 이미지 사진, MP4: 동영상, MP3: 오디오

05 ④ **해설)** 롱폼의 썸네일은 필수고, 숏폼의 썸네일은 선택이다.

06 ③

07 ②

08 ④ **해설)** 광고 시청 시간과는 상관없다.

09 ② **해설)** 영상 내용과 연관 있는 사진으로 호기심을 자극하는 게 좋다.

10 ①

정답
11 ④ 12 ① 13 ④ 14 ③ 15 ① 16 ② 17 ④ 18 ② 19 ① 20 ①

11 ④ **해설)** 유튜브 상세 설명란에 자사 홈페이지, SNS, 블로그 링크로 방문을 유도할 수 있다.

12 ① **해설)** 콘텐츠 확장에 대한 도전성이 있어야 고갈되지 않을 수 있다.

13 ④ **해설)** 저작권법 위배 시 5천만 원 이하의 벌금이나 5년 이하의 징역형에 처할 수 있다.

14 ③ **해설)** 브랜드 채널: 관리자 기능이 있으며, 채널명은 14일 간격으로 2회 변경 가능

15 ① **해설)** * 유튜브는 누구나 쉽고 간편하게 무료로 이용할 수 있다.

　* 다수 이용자로 인해 검색 결과에 콘텐츠를 노출하기 쉽다.

　* 과거 통신 3사 '구글 글로벌 캐시 서버 계약'으로 서버 운영 비용 없이 동영상 플랫폼을 사용할 수 있다.

16 ②

17 ④ **해설)** 유튜브는 키워드를 15개까지 넣을 수 있다.

18 ②

19 ① **해설)** MP3:오디오 / MP4:동영상

20 ①

정답

21 ①　22 ③　23 ④　24 ①　25 ③　26 ③　27 ③　28 ③　29 ①　30 ①

---

21 ①

22 ③ **해설)** 하이 앵글에 관한 표현

23 ④ **해설)** 애드센스 수익만 받을 수 없을 뿐 채널 성장에 악영향을 미치진 않는다. 그 영상으로 인한 조회수 수익, 구독자 유입의 혜택은 있다.

24 ① **해설)** 내 채널 → 채널 맞춤 설정에 들어가면 채널 분석을 할 수 있다.

25 ③ **해설)** 유튜브 쇼츠는 15초 이상~60초 이내, 화면 비율은 세로여야 한다.

26 ③ **해설)** 유튜브 SEO를 위한 필수 테크닉: 제목, 미리보기 이미지, 설명문, 해시태그, 태그, 자막

27 ③

28 ③ **해설)** 영상의 내용과 상관없는 썸네일은 시청자들에게 불신을 줄 수 있으므로 좋지 않다.

29 ① **해설)** 롱폼에 올리는 영상의 화면 비율은 가로 16:9, 세로 9:16 모두 가능하다.

30 ①

- 정답 -

31 ④ **32** ① **33** ③ **34** ③ **35** ① **36** ② **37** ① **38** ③ **39** 무료 이미지 사진, 무료 영상을 다운받을 수 있다. **40** ④

31 ④ 해설) 지적 능력 우수가 절대적이진 않다.

32 ①

33 ③

34 ③ 해설) 소속사 유튜버들 모두에게 해당한다.

35 ①

36 ②

37 ①

38 ③

39 무료 이미지 사진, 무료 영상을 다운받을 수 있다.

40 ④

- 정답 -

41 ④ **42** ① **43** ① **44** ① **45** ② **46** ② **47** ④ **48** ② **49** ① **50** ①

41 ④

42 ④

43 ①

44 ① 해설) 카드 기능, 종료 화면 기능 설정은 PC를 활용해야 한다.

45 ②

46 ②

47 ④ 해설) 링크 기능은 유튜브 파트너(애드센스 수익활동 가능 크리에이터)만 활용할 수 있다.

48 ②

49 ① **해설)** 썸네일에 관한 설명

50 ① **해설)** ②: 채널 성장에는 악영향을 미치지 않는다.

③: 재생목록에 있는 영상의 중간에 광고는 뜬다.

④: 퍼감 차단 기능이 있다.

정답

51 ① **52** ③ **53** SEO **54** ③ **55** ① **56** ② **57** ④ **58** 퍼스널 브랜딩
59 ④ **60** ②

---

51 ① **해설)** 순 시청자 수는 콘텐츠를 시청한 추정 시청자 수를 말한다.

52 ③ **해설)** 유튜브 노출 클릭률을 높이기 위한 구체적인 팁

1) 특정 틈새시장에 집중한다.

특정 콘텐츠에 대해 더 많은 영상을 만들수록 핵심 청중 중 더 많은 사람에게 다가갈 수 있다.

2) 매력적인 썸네일을 만든다.

① 호기심을 자극할만한 썸네일 사진

② 제목은 굵고 진한 폰트 사용, 최소한의 텍스트 사용, 보색보다 시각적인 효과가 있는 노랑, 빨강, 초록을 사용

③ 1080픽셀의 고해상도 사용 시 썸네일이 매우 선명하게 노출

3) 일관된 콘셉트를 사용한다.

브랜드 구축 배너 및 미리보기 이미지와 같은 모든 채널 아트에서 일관된 색상을 사용하면 시청자가 검색 엔진에서 나를 찾을 때 채널을 쉽게 알아볼 수 있다.

53 SEO

54 ③ **해설)** 100% 정확하지 않아서 때론 관심 없는 영상이 추천되어지기도 한다.

55 ①

56 ② **해설)** 구글 계정의 유형은 본인 계정, 비즈니스 관리 계정 두 가지가 있다.

57 ④ 해설) 애드센스 수익 활동이 가능(유튜브 크리에이터 파트너)한 조건

① 구독자 1,000명+4,000시간의 뷰

② 구독자 1,000명+쇼츠 1,000만 뷰

③ 구독자 500명+3,000시간 뷰(단, 유튜브 첫 영상 게시 후 90일 이내)

58 퍼스널 브랜딩

59 ④

60 ② 해설) 경제 패러다임이 바뀌면서 시대에 따라 유능한 인재상도 변해왔다.

1) 2차 산업시대 → 공장 노동자

2) 3차 산업시대 → 지식 노동자

3) 4차 산업시대 → 관종

정답

61 ② 62 ② 63 ③ 64 저작권 65 ③ 66 ④ 67 ④ 68 ② 69 ① 70 ④

---

61 ② 해설) 유튜브가 최고의 동영상 플랫폼으로 성장할 수 있었던 경쟁력이 된 이유

① 유튜브 크리에이터들을 파트너로 생각한다(애드센스 수익활동이 가능한 조건을 가진 크리에이터들을 파트너로 보았다).

② 광고 수익을 나눠 갖는다(크리에이터: 58%, 유튜브: 42%).

③ 데이터를 공유해 주고 분석해 준다(내 채널 → 채널 맞춤 설정 → 분석). 그 분석을 통해 내 채널의 방향성을 체크함으로써 채널을 성장시켜 갈 수 있다.

62 ② 해설) 법적 소송관리도 관리해 준다.

63 ③ 해설) '바'는 간접적 유형에 속한다. 라이브커머스 플랫폼을 통해 녹화한 영상을 재편집 후 유튜브에 업로드하면 추후적인 Call to action을 가능케 한다(상세 설명란에 물건을 구매할 수 있는 URL 링크를 기재한다).

64 저작권

65 ③ 해설) 산업재산권: 실용, 경제산업 분야에서 나온 창작물을 보호하는 권리

66 ④ **해설)** ① 제조회사의 홈페이지 사진을 함부로 가져다 쓰면 안 된다.

② 초상화의 저작권은 화가에게, 사진의 저작권은 사진사에게 있으며, 초상화에 나오는 모델(위탁자)의 허락도 함께 받아야 한다.

③ 인공지능(AI)이 만들어낸 음악은 저작물에 포함되지 않는다.

④ 퍼블리시티권은 재산적 권리에 해당되므로 위배 시 재산적 손해배상까지 해주어야 한다.

67 ④ **해설)** 저작권 분야는 '저작인격권', '저작재산권', '저작인접권'으로 나뉜다.

68 ④ **해설)** 업무상 특별히 약정해 둔 게 없다면 동영상에 관한 권리는 대부분 영상 제작자, 즉 회사에게 있다고 봐야 한다.

69 ① **해설)** ② 보통 외주 제작사가 저작권을 갖는 경우가 많다.

③ 프리랜서의 저작권 문제는 회사와 계약한 내용에 따라 달라진다.

④ 업무상 저작물은 회사 업무에 종사하는 자가 작성해야 한다.

70 ④ **해설)** ④ 시각적 캐릭터는 독자적인 저작권으로 인정받는다(방송된 애니메이션은 방송사가 권리를 모두 가진다 하더라도 계약 내용에 별다른 언급이 없다면 창작한 캐릭터는 권리를 가질 수 있다).

정답

71 ①   72 ④   73 ①   74 ②   75 ④   76 ③   77 ③   78 ①   79 ②   80 ①

---

71 ① **해설)** ② 애니메이션은 영상 저작물이다. 따라서 업무상 저작물이 성립한다.

③ 한국저작권위원회에 조정 신청하는 것은 간편하고 빠르게 절차가 진행되는 장점이 있다. 구속력이 없으므로 상대방이 조정에 응하지 않거나 조정이 성립되지 않으면 결국 정식 재판으로 넘어가야 한다.

④ 실수로 저작권을 침해한 경우에는 처벌하기 어렵다(타인의 저작권을 무단으로 침해했을 때에만 원칙적으로 처벌할 수 있다. 즉 형사책임을 진다). 실수라 해도 민사책임(손해배상)은 져야 한다.

72 ④ **해설)** ④ 음식 레시피는 저작권 침해가 되지 않는다.

73 ① **해설)** ② 감동받은 구절 일부를 인용할 때 출처를 밝히면 상관없다.

③ 원저작물을 변형하면 '동일성 유지권 침해'까지 책임져야 한다.

④ 수업 목적 저작물의 공정한 이용 범위 가이드 라인

구분	공정한 이용 범위
어문(논문, 소설, 수필, 시 등)	1~10% 이내
음악	5~20% 이내 (최대 5분 이내)
영상	5~20% 이내 (최대 15분 이내)

74 ②

75 ④ **해설)** 가장 안정적인 구도라서 극적인 효과를 주기는 어렵다.

76 ③

77 ③ **해설)** ③ 아이 레벨(Eye level)에 관한 설명

78 ① **해설)** 주제는 집 가까이나 방 안, 출퇴근 길, 직장 주변 등 사진은 언제 어디서든 촬영할 수 있다. 관점과 발상을 바꾸기만 하면 일상생활 안에서 독창적인 표현이 생겨난다. 사진으로 찍을 만하다고 생각되지 않는 피사체나 장면도 거기서 느낀 것이나 전하고 싶은 것이 있으면 그것이 주제가 되고 작품이 된다.

79 ② **해설)** ① 관점과 발상을 바꾸기만 하면 일상에서 접하는 모든 것들이 주제가 되고 작품이 될 수 있다.

③ 상상력을 불러일으키는 말을 선택하면 표현의 폭이 넓어져서 독자들의 공감을 얻을 수 있다.

④ 동계색으로 화면을 구성하면 부드러운 인상을 만든다. 동계색을 조합하면 화면이 정돈되고, 세련된 느낌이 든다. 차분한 인상이 느껴지는 색의 조합이기도 하다. 옅은 색을 조합하면 포근하고 부드러워지며 진한 색을 조합하면 강한 인상이 된다.

80 ① **해설)** 달리샷(Dolly shot)은 삼각대 축이 없는 경우를 말한다.

- 정답 -
81 ③ 82 ③ 83 ③ 84 ② 85 ① 86 ② 87 ③ 88 ③ 89 ③ 90 ②

81 ③ 해설) ① 사람이나 동물 등을 촬영할 때는 '눈'에 초점을 맞추는 것이 기본이다.
② 꽃을 촬영할 때는 '꽃술'에 초점을 맞추는 것이 기본이다.
④ 직사광선을 피할수록 좋은 영상을 담아낼 수 있다.

82 ③ 해설) ③ 사람의 시선이 향한 곳의 공간(루킹룸, 노즈룸)을 넓게 위치시켜 준다.

83 ③ 해설) ③ '포지셔닝'에 관한 설명

84 ② 해설) ① 상호작용성(Interactivity): 사용자들의 공감을 얻고 활발한 소통이 가능할 것
③ 협업(Collaboration): 인플루언서와 크리에이터들과의 협업을 적극 추진할 것
④ 커뮤니티(Community): 공통의 관심사를 가진 사용자들을 모아 커뮤니티를 구성할 것

85 ① 해설) ① 구별되는 고유성에 관한 설명

86 ② 해설) ② 목표 설정, 브랜드 마케팅 전략을 구체화하는 과정은 가장 먼저 해야 한다.

87 ③

88 ③ 해설) ③ 시청자들에게 어그로를 끌 수 있는 요인이므로 자제해야 한다.

89 ③ 해설) ③ 나의 콘텐츠가 상위 노출되고 있는 키워드를 '유효 키워드'라고 한다.

90 ② 해설) ② 유튜브 공식 채널은 중장기적 플랜으로 진입해야 한다.

- 정답 -
91 ③ 92 ② 93 ① 94 ② 95 ④ 96 ③ 97 ③ 98 ④ 99 ① 100 ①

91 ③ 해설) ① 타깃을 최대한 넓혀야만 클릭률을 높일 수 있다.
② 제목은 영상과 관련 있는 내용이어야 한다.
④ 조회수가 높은 제목을 똑같이 사용하는 건 저작권에 위배되지 않는다.

92 ②

93 ① 해설) ① 유튜브 콘텐츠에는 심벌, 서브, 히로 콘텐츠가 있다.

94 ②

95 **해설)** ④ 콘텐츠를 사업으로 잘 연계했다.

96 ③ **해설)** ③ 채널 아트에는 채널의 방향성, 정체성이 반드시 내포되어 있어야 한다. 2560×1440픽셀을 사용한다. cf)썸네일: 1280×720픽셀을 사용한다.

97 ③ **해설)** ③ 티저 광고 동영상은 30초~1분가량으로 본 동영상에 대한 기대감만 심어주는 정도로 제작한다.

98 ④

99 ① **해설)** ① 정직의 법칙(The law of honesty): 스스로 부정적인 면을 인정하면 소비자는 긍정적인 평가를 내려줄 것이다. 자신에 대해 자기 입으로 털어놓는 부정적인 발언은 뭐가 됐든 대번에 진실로 받아들여진다. 이 법칙은 아주 신중하게, 그리고 기술적으로 사용해야 한다. '부정'을 인정한 다음에 재빨리 '긍정'으로 돌려놓아야 한다. 정직의 목적은 소비자를 설득할 '혜택'을 구축하려는 것이다. cf)조망의 법칙(The law of prospect): 마케팅 효과는 오랜 시간에 걸쳐 발효된다. 장기적 효과가 단기적 효과와 정반대로 나타나는 경우가 있다.

100 ①

정답
101 ① **102** ③ **103** ② **104** ① **105** ③ **106** ② **107** ③ **108** ②
109 ② **110** ②

---

101 ① **해설)** ① 애드뷰(Ad view)에 관한 설명

102 ③ **해설)** ① 시청자가 30초 이상 시청하지 않고 스킵해버린다면 광고비를 내지 않아도 된다. ② 게재할 수 있는 광고의 길이는 제한이 없다. ④ CPV는 30~40원이다.

103 ② **해설)** ② 주제 및 게재 위치 타깃팅의 기준이 되는 것은 '콘텐츠'다.

104 ① **해설)** ① 은 '단말 타깃팅'에 관한 설명

105 ③ **해설)** ③ 매력적인 시간은 15~30초를 추천한다.

106 ② **해설)** ② 교육적, 정보성이 있는 콘텐츠: 강의형 콘텐츠, 정보 제공형 콘텐츠, 팁제공

형 콘텐츠, 지식공유형 콘텐츠

107 ③ **해설)** ③ 국내 1인 창작자는 점점 늘어나는 추세다.

108 ② **해설)** ② 소비패턴이 개인화, 맞춤화로 변화되고 있다.

109 ② **해설)** ① 인스타그램은 정보 유지 기간이 짧다.

③ 유튜브는 검색이 용이하다.

④ 저작권 침해 문제에 노출될 수 있는 플랫폼은 유튜브다.

110 ② **해설)** ② 팝업이 표시되는 타이밍은 직접 설정할 수 있다.

정답
111 ②   112 ③   113 ④   114 ③   115 ②   116 ④   117 ②   118 ④
119 ①   120 ④

---

111 ② **해설)** ② 유튜브를 하다 보면 나의 강점에 집중할 수 있다.

112 ③

113 ④ **해설)** ④ 롱폼은 필수이고, 숏폼 썸네일은 선택이다.

114 ③

115 ② **해설)** ② 추상적인 표현보다 명확한 표현을 사용해야만 한다.

116 ④ **해설)** ④ '좋아요'는 반응도 지수에 영향을 미친다.

117 ② **해설)** ② 썸네일에 사용되는 사진은 영상 내용과 연관이 있어야 한다.

118 ④ **해설)** ④ 상세 설명란에 붙여 넣는 링크 활용을 통해 자사 홈페이지, SNS, 블로그로 방문을 유도할 수 있다.

119 ① **해설)** ① 새로운 도전은 시청자들을 흥미롭게 한다. 늘 도전하는 모습을 보일 수 있을 때 콘텐츠의 질도 달라진다.

120 ④ **해설)** 저작권법 위배 시 5천만 원의 벌금이나 5년 이상의 징역형에 처할 수 있다.

> **정답**
> 121 ② 122 ④ 123 ② 124 ① 125 ① 126 ① 127 ④ 128 ①
> 129 ③ 130 ③

121 ②

122 ④ **해설)** ④ 유튜브에는 키워드를 15개까지 넣을 수 있다.

123 ②

124 ① **해설)** ① PNG, JPEG: 이미지 사진 / MP3: 오디오, 음원 / MP4: 동영상

125 ① **해설)** 내 채널보기 → 채널 맞춤 설정 → 오디오 보관함에 들어가서 원하는 음악을 다운받을 수 있다.

126 ①

127 ④ **해설)** ④ 그 영상에 대한 광고 수익만 받지 못할 뿐 채널 성장에 악영향을 미치는 건 아니다.

128 ① **해설)** ① 내 채널 → 채널 맞춤 설정에 들어가면 채널 분석을 할 수 있다.

129 ③ **해설)** 유튜브 쇼츠는 60초 이내의 영상을 만들어야 하고, 화면 비율은 반드시 세로로 해야 한다.

130 ③ **해설)** ③ 은 채널의 방향성을 잡기 위한 방법이다.

> **정답**
> 131 ④ 132 ③ 133 ① 134 ① 135 ④ 136 ④ 137 ④ 138 ①
> 139 ① 140 ②

131 ④

132 ③ **해설)** ③ 영상 내용과 상관없는 썸네일은 시청자들에게 불신을 주는 요인이 된다.

133 ① **해설)** ① 롱폼은 가로,세로 비율 모두 가능하다.

134 ①

135 ④ **해설)** 구독을 서로 해주고 상대의 영상을 봐주지 않았을 때 지인들과의 맞구독은 채

널 성장을 더디게 할 수 있다.

136 ④ **해설)** 계절 테마도 적절히 사용하면 '떡상'을 유도할 수 있다.

137 ④

138 ①

139 ① **해설)** ① 종료 화면, 카드 기능, 재생목록 만들기는 PC에서만 사용 가능하다.

140 ② **해설)** ② 구글 로직이 바뀌면서 시청 시간이 더 중요해졌다.

정답

141 ④ 142 ② 143 ① 144 ① 145 ③ 146 ③ 147 ② 148 ④
149 ③ 150 ①

---

141 ④ **해설)** ④ 채널 구독은 공통적으로 기본 세팅되는 기능이다.

142 ② **해설)** ② 영상의 내용과 관련 있는 썸네일이어야 한다.

143 ① **해설)** ①은 썸네일에 관한 설명이다. 채널 아트는 분기별로 바꿔줘도 된다.

144 ① **해설)** ② '저작권' 메시지가 뜨면 어느 부분에 관한 내용인지 PC로 '내 채널보기 → 동영상 관리' 들어가서 확인한다. 대부분의 '저작권' 침해 메시지는 채널에 악영향을 주지 않는 경미한 사례. 수익 활동이 발생했을 때 그 영상에 관한 수익 권한만 포기하면 된다. 대신 조회수, 구독자 유입의 혜택은 있으니 신중히 생각 후 영상을 삭제해야 한다.

145 ③ **해설)** ③ 매직 리무버 기능을 통해 영상의 뒷배경도 손쉽게 지울 수 있다.

146 ③ **해설)** 유튜버는 매사에 적극적인 자세를 가져야 한다.

147 ② **해설)** ① 4차 산업혁명은 코로나19 사태 이후 더욱 가속화된다.
③ 페이스북, 아마존, 넷플릭스, 구글의 지배력이 강화된다.
④ 인류의 생활 공간이 온라인, 디지털 플랫폼으로 옮겨간다.

148 ④

149 ③ **해설)** ③ '하이 앵글'(High angle)에 관한 설명이다.

150 ① **해설)** ① 적은 예산을 투입해서도 고객을 모을 수 있는 장점이 있다.

> **정답**
> 151 ① 152 ① 153 ② 154 ② 155 ③ 156 ③ 157 ② 158 ②
> 159 퍼스널 브랜딩의 중요성 160 ②

151 ① 해설) ① 팬 만들기 동영상은 1~3분 정도가 적절하다.

152 ① 해설) ② 유튜브 노출을 위해 가장 중요한 건 제목이다.

③ 경쟁 채널의 인기 동영상을 찾아 태그 키워드를 따라서 사용하면 추천 동영상으로 띄워질 수 있다. 저작권에 걸리지 않는 행위다.

④ 중요한 연관 키워드는 되도록 제목 앞쪽에 넣는다.

153 ② 해설) ② 별도의 설치가 필요하지 않다.

154 ② 해설) 영상 콘티 짜는 법은 다음과 같다.

1) 전체 스토리 구성: 영상의 전체적인 스토리를 구성한다. 이때 스토리보드를 활용하여 스토리의 흐름을 시각화할 수 있다.

2) 장면 구성: 영상의 각 장면을 세분화하여 구성한다. 각 장면은 어떤 장소에서 어떤 상황이 벌어지는지, 어떤 인물이 등장하는지, 어떤 카메라 앵글과 편집 기법을 사용할 것인지 등을 고려하여 구성한다.

3) 대사 및 효과음 작성: 영상에 필요한 대사와 효과음을 작성한다. 대사와 효과음은 영상의 전체적인 분위기와 흐름을 결정하는 중요한 요소다.

4) 콘티 작성: 장면 구성과 대사 및 효과음을 종합하여 콘티를 작성한다. 콘티는 영상의 전체적인 구성과 흐름을 시각적으로 표현할 수 있는 도구다.

5) 수정 및 보완: 작성한 콘티를 검토하고, 필요한 부분을 수정 및 보완한다. 이 과정에서 영상의 전체적인 구성과 흐름을 개선할 수 있다.

155 ③

156 ③

157 ② 해설) ② 소셜 네트워크는 개인정보 노출의 위험이 있지만 장점이 더 많으므로 상시로 사용한다.

158 ② 해설) ② 퍼스널 브랜딩의 구축 단계는 '브랜드 탐색 → 브랜드 콘셉트 → 브랜드

스토리' 단계로 진행된다.

159 퍼스널 브랜딩의 중요성

160 ② **해설)** ② 채널명은 14일 간격으로 2회 수정 가능하다.

참고문헌

《된다, 저작권 문제해결》 / 오승종(이지스퍼블리싱, 2020)
《따라하면 매출이 따라오는 SNS 마케팅》 / 임성빈(원앤원북스, 2020)
《마케팅 불변의 법칙》 / 알 리스, 잭 트라우트(비즈니스맵, 2008)
《보는 순간 사게 되는 1초 문구》 / 장문정(블랙피쉬, 2021)
《브랜드 마케팅》 / 서용구, 구인경(도서출판 창명)
《우지은의 스피치 시크릿 21》 / 우지은(퍼플카우, 2015)
《유튜브 마케팅 인사이트》 / 서양수(한빛비즈, 2021)
《유튜브 마케팅의 정석》 / 김범휴(더퀘스트, 2020)
《유튜브 상위 노출의 모든 것》 / 민진홍, 최규문(한빛미디어, 2019)
《유튜브 저작권》 / 임주혜, 김하영(깊은나무, 2021)
《퍼스널 브랜딩에도 공식이 있다》 / 조연심(힘찬북스, 2020)
《평생 연금 받는 온라인 클래스 멘토링》 / 1억 치트키(이주희)(서사원, 2023)
《한석준의 말하기 수업》 / 한석준(인플루엔셜, 2023)
'4차 산업혁명과 소셜미디어' / 한양대학교 사이버 대학원 서구원 교수
Gool유튜브 정책 가이드
《SNS 퍼스널 브랜딩 비법》 / 최은희(나비의활주로, 2023)
《YouTube 유튜브 마케팅》 / 임현재(디지털북스, 2017)

유튜브 콘텐츠 지도사 자격 가이드

초판 1쇄 발행　　2024년 4월 23일

지은이	조안쌤(김정미)
펴낸이	곽철식
펴낸곳	다온북스

책임편집	김나연
디자인	임경선
마케팅	박미애
인쇄와 제본	영신사
아이콘 출처	프리픽(freepix)

출판등록	2011년 8월 18일 제311-2011-44호
주　소	서울시 마포구 토정로 222 한국출판콘텐츠센터 313호
전　화	02-332-4972
팩　스	02-332-4872
이메일	daonb@naver.com

ISBN 979-11-93035-40-5(13000)

* 이 책은 저작권법에 따라 보호를 받는 저작물이므로 무단복제와 전재를 금하며,
  이 책의 전부 또는 일부 내용을 사용하려면 반드시 저작권자와 다온북스의 서면 동의를 받아야 합니다.
* 잘못되거나 파손된 책은 구입한 서점에서 교환해 드립니다.
* 다온북스는 여러분의 아이디어와 원고 투고를 기다리고 있습니다.
  책으로 만들고자 하는 기획이나 원고가 있다면, 언제든 다온북스의 문을 두드려 주세요.